KB125996

인지니어스

INGENIUS:
A Crash Course on Creativity

Copyright ©2012 by Tina Seelig.
Published by arrangement with HarperCollins Publishers.
All rights reserved.
Korean translation copyright ©2017 by Woongjin Think Big Co., Ltd.
Korean edition is published by arrangement with HarperCollins Publishers
through EYA(Eric Yang Agency).

실리콘밸리 인재의 산실
'스탠퍼드 디스쿨'의 기상천외한 창의력 프로젝트

인지니어스
I N G E N I U S

티나 실리그
지음

김소희 옮김

A CRASH COURSE ON CREATIVITY

리더스북

한국의 독자들에게

한국의 독자 여러분께 이 책을 소개해드릴 수 있어서 너무나 기쁩니다. 《스무살에 알았더라면 좋았을 것들》을 출간하면서 아름다운 나라 한국을 방문할 기회가 있었습니다. 여러 도시를 다니면서 수많은 학생들과 선생님들 그리고 각계의 리더들과 만나는 시간을 가졌습니다. 한국에서 경험한 모든 일들이 무척 인상적이었습니다. 조만간 꼭 한번 다시 찾고 싶습니다.

이 책은 전편에 이어 스탠퍼드대학교에서 진행한 창의성 특강을 바탕으로 하고 있습니다. 우리 스스로에게 내재된 창의성을 발견하고 증진시키는 데 초점을 맞추었습니다. 책 속에서 아시아 국가에서의 내 경험을 자주 언급하고 있는데, 특히 일본 오사카대학교 학생들과 참여했던 워크숍 내용을 전해드리고자 합니다. 당시 나는 학생들에게 무언가 의미 있고 진보적인 프로젝트를 제공해주고 싶었습니다. 목표는 '주변 세상을 새로운 눈으로 바라보고 새롭게 생각해보는 기회를 갖도록 하는 것'이었지요. 2시간 동안의 워크숍이 끝나고 학생들에게 다음과 같은 과제를 내주었습니다.

"한 개의 '쓸모없는 물건'으로 여러분이 생각해낼 수 있는 '새로운 가치'를 최대한 많이 만들어보세요."

과거에 한 번도 낸 적 없던 과제였기에 결과가 어떻게 나올지 매우 궁금했습니다.

학생들은 우선 자신들에게 있어서 '가치'라는 게 무엇인지에 대해 몇 시간에 걸쳐 논의하더군요. 그들이 생각하는 가치에는 지식과 건강, 공동체, 우정, 경제적 안정 등 많은 것들이 포함되어 있었지요. 그리고 그 과정을 통해 학생들은 '쓸모없는 물건'을 보는 새로

4

운 시각을 갖게 되었습니다. 다시 말해 쓸모없는 물건을 어떻게 봐야 하는지를 알게 되었습니다. 한 팀은 폐휴지에 대한 사회 참여 캠페인을 시작했고, 다른 한 팀은 아이들을 위한 장난감을 만들었습니다. 또 다른 팀은 재활용을 하는 사람들의 태도에 대해 리서치를 진행했으며, 어떤 팀은 가까운 세탁소에서 얻어온 비닐 의류 커버를 이용해 캠퍼스의 젖은 잔디밭에 깔 수 있는 돗자리를 만들기도 했지요. 모든 팀들이 너무나 멋진 결과를 만들어냈습니다. 자신들의 독창성(창의성)으로 그러한 쓸모없는 물건을 통해 이전까지는 보이지 않던 새로운 기회(가치)를 발견한 것이지요. 저는 이것이 바로 창의성의 힘이라고 생각합니다.

이 책에서 여러분은 일상생활에서 창의성을 활용할 수 있는 여러 사례와 방법을 살펴볼 수 있을 것입니다. 내가 '혁신 엔진'이라고 이름 붙인 이 새로운 창의성 모델을 통해 여러분은 내면의 세계와 외부의 환경이 어떻게 상호 작용해서 창의성을 발현시키는지 깨닫게 될 것입니다. 그리고 나아가 이것이 여러분의 미래를 어떻게 변화시킬 수 있는지 체험할 수 있을 것입니다.

창의성은 여러분의 미래를 보다 밝고 희망적으로 바꿀 수 있습니다. 모쪼록 즐거운 마음으로 이 책을 읽어주시기 바랍니다. 또한 여러분의 다양한 의견을 듣고 싶습니다.

_ 티나 실리그

contents

생각의 근육을 강화시키는
스탠퍼드의 가이드

최근까지 영국 옥스퍼드대학교 올소울즈칼리지(All Souls College, 학부생이 아니라 시험에 통과한 우수 졸업생들이 회원으로 활동하는 옥스퍼드의 단과대학 중 하나-옮긴이)의 지원자들은 '한 단어' 시험을 치렀다. 이 시험은 지원자들에게 기대되면서도 동시에 두려운 것이었다. 시작종이 울리고 종이를 뒤집으면 한 단어가 적혀 있다. '순결', '기적', '물', '도발적인' 같은 단어다. 그 한 단어에서 영감을 얻어 3시간 내에 에세이를 작성해야 한다.

이 시험에는 분명 정답이 없다. 하지만 제출된 에세이는 지원자의 지식과 창조적 능력을 가늠하는 잣대가 된다. 〈뉴욕타임스(New York Times)〉는 새라 라이얼(Sarah Lyall) 교수의 말을 인용해 다음과 같이 썼다.

"이 한 단어 문제는 매우 흥분되는 시험이라, 비지원자들도 매년 어떤 단어가 나왔는지 듣고자 대학 바깥에 모여 기다린다."

이 도전은 한 단어에 당신이 아는 것을 투입해 당신의 상상력을 확장시킬 기회를 제공한다. 그러나 대부분 사람들은 이러한 유형의 창의성을 기르지 못했다. 주변의 모든 것들을 창의적인 눈으로 바라보는 일은 사실 쉬운 일이 아니다. 그러나 창의성은 반드시 필요한 것이다. 창의성은 변화하는 세상에서 번영을 누리게 해줄 수단이며, 수많은 가능성들을 열어줄 기회의 문이다. 창의성이 강화되면 당신은 문제가 아닌 잠재력을, 걸림돌이 아닌 기회를, 도전이 아닌 대변혁적인 해결책을 얻을 지름길을 갖게 될 것이다. 주위를 둘러보자. 과학과 기술에서부터 교육과 예술에 이르기까지 모든 경쟁의 장에서 혁신적인 사람들이 성공하고 있다. 하지만 창조적인 문제해결법은 학교에서는 거의 가르쳐주지 않으며, 심지어 배울 수 있는 기술로 여겨지지도 않는다.

슬프게도 우리는 "아이디어는 값싸다"는 말을 흔히 듣곤 한다. 이는 창의성의 값어치를 낮춰서 이르는 소리다. 그리고 틀렸다. 아이디어는 값싼게 아니다. 그건 그냥 공짜이며 놀랄 정도로 소중하다. 아이디어는 전 세계 경제의 연료가 되는 혁신으로 이어진다. 그리고 우리가 고리타분한 정체된 인생을 살지 않게 해준다. 그것은 우리를 구태의연한 관습에서 끌어내 진보의 길로 옮겨주는 기중기라 하겠다. 창의성이 없다면, 우리는 쳇바퀴 인생뿐만이 아니라 퇴보하는 삶을 살게 된다.

사실, 인생의 가장 큰 실패는 실행의 실패가 아니라 상상력의 실패다. 미국의 저명한 발명가 앨런 케이(Alan Kay)가 남긴 유명한 말처럼, "미래를 예측하는 가장 좋은 방법은 그걸 발명하는 것이다." 우리 모두는 자신의 미래를 창조하는 창조자들이다. 그리고 창의성은 혁신의 심장부에 있다.

'한 단어 시험'에서 멋지게 증명됐듯이, 우리의 모든 말과 모든 물건과 모든 결정과 모든 행동은 창의성의 기회다. 올소울즈칼리지의 여러 시험들 가운데 하나인 이 도전은 세상에서 가장 어려운 시험이라고들 한다. 광범위한 지식과 상당한 상상력이 요구된다. 매튜 에드워드 해리스(Matthew Edward Harris)는 2007년에 시험을 봤는데, 그에게 주어진 단어는 '조화'였다. 그는 〈데일리 텔레그래프(The Daily Telegraph)〉에서 "마치 있을 법하지 않은 수프의 재료들을 찾기 위해 냉장고를 뒤지는 요리사가 된 기분이었다"고 밝혔다.[2]

그의 솔직한 비유는, 이런 능력을 우리가 매일 직면하는 도전에서 써먹을 수 있다는 것을 멋지게 상기시켜준다. 수프 만드는 간단한 도전부터 실제로 세상에서 직면하는 거대한 문제해결 같은 기념비적 도전까지 말이다.

스탠퍼드 '디 스쿨'의 첫 수업

나는 스탠퍼드대학교 하소플래트너디자인연구소(Hasso Plattner Institute of Design)에서 창의성과 혁신에 대한 교육 과정을 가르친다. 이 연구소는 애칭으로 '디 스쿨(D.School)'이라고도 불린다.[3] 이곳에서의 수업은 스탠퍼드 공대의 스탠퍼드 테크놀로지 벤처스 프로그램(Stanford Technology Ventures Program, STVP)의 집행이사인 나의 정규 업무를 보충하는 것이다.[4] STVP에서 우리의 임무는 각 학부생들에게 주요한 세상 문제를 창조적으로 해결하고 기회를 잡는 데 필요한 기업가적 지식, 능력, 태도를 가르치는 것이다.

수업 첫날은 매우 간단한 도전으로 시작한다. 이름표를 재디자인하는 것이다. 나는 학생들에게 지금 착용하고 있는 이름표가 전혀 마음에 들지 않는다고 말한다. 글자가 너무 작아서 읽기 힘들다, 알고 싶은 정보를 담고 있지 않다, 착용자의 벨트 버클에 매달려 있는 경우도 종종 있는데 보기 흉하다 등등. 그들도 역시 그런 점들에 짜증났던 적이 있다는 걸 깨닫고는 웃음을 터뜨린다.

15분 후에 학생들의 목에 걸린 이름표는 커다란 글씨로 이름이 적힌, 예쁘게 장식된 종이로 대체됐다. 새로운 이름표는 각자의 셔츠에 단정하게 고정되었다. 그들은 성공적으로 문제를 해결하고 다음 단계로 나아갈 준비가 되었다며 흐뭇해했다. 하지만 내가 마음에 둔 건 다른 것이었다. 나는 새로운 이름표를 전부 모아서 서류 분쇄기에 넣는다. 학생들은 내가 미치기나 한 듯 쳐다본다. 그러면 난 아무렇지 않은 듯 다시 학생들에게 묻는다.

"애초에 이름표는 왜 사용한 걸까요?"

그들은 황당한 표정으로 나를 쳐다본다. 대답은 빤하지 않나? 당연히, 남들이 우리의 이름을 볼 수 있게 하기 위해서다. 하지만 그들은 곧 이 질문에 대해 제대로 생각해본 적이 없다는 걸 깨닫는다. 짧은 토론 후에, 그들은 이름표가 세세한 기능들을 맡고 있다는 걸 알게 된다. 서로 모르는 사람들 간의 대화를 촉진하고, 누군가의 이름을 잊어버리는 실수를 막아주고, 대화 상대에 대한 정보를 금방 알게 해주는 것이다.

이름표의 역할에 대한 이해를 이렇게 확장시킨 뒤, 그들은 서로를 인터뷰해서 새로운 사람들과 어떻게 관계를 시작하고 싶은지, 남들이 그들과 어떻게 관계를 시작했으면 하는지를 알아낸다. 이런 인터뷰는 창의적이고 새로운 해결책, 전통적인 이름표의 제한을 훌쩍 뛰어넘는 참신한 시각으로 이어졌다. 한 팀은 이름표의 크기 제한에서 벗어나, 글자와 그림으로 착용자의 정보를 나타낸 맞춤형 티셔츠를 디자인했다. 이 티셔츠 이름표에는 그 사람이 살았던 곳, 즐겨했던 스포츠들, 좋아하는 음악, 가족들 사진이 실려 있다. '이름표'의 콘셉트를 크게 확장시킨 것이다. 셔츠에 작은 이름표를 다는 대신에, 셔츠 자체가 말 그대로 탐구해야 할 많은 주제들을 던져주는 이름표가 되었다.

또 다른 팀은 새로운 누군가를 만났을 때 대화를 계속 이어가고 어색한 침묵을 막으려면 그 사람에 대한 적절한 정보가 필요한 기반 내에서 주어지는 게 유용하다는 걸 깨달았다. 그래서 상대방에 대한 정보를 속삭여주는 이어폰 모형을 만들었다. 그 사람의 이름을 발음하는 방법, 근무지, 서로 아는 친구들의 이름 같은 유용한 정보를 조심스레 알려준다.

또 다른 팀은 사람들 간에 의미 있는 대화를 촉진하기 위해서는 상대에 대한 많은 정보보다는 상대의 기분이 어떤지 아는 것이 종종 더 중요하다는 것을 깨달았다. 그래서 각기 다른 기분을 나타내는 여러 색깔의 팔찌를 디자인했다. 가령, 녹색 리본은 즐겁다, 파랑색 리본은 우울하다, 붉은색 리본은 스트레스를 받고 있다, 보라색 리본은 운이 좋다고 느낀다는 걸 의미한다. 다른 색깔의 리본들을 혼합함으로써, 광범위한 정서를 남들에게 전달해 더욱 의미 있는 첫 만남을 촉진한다.

이 과제는 핵심, 즉 어디서나 창조적으로 문제를 해결할 기회가 있다는 것을 드러내기 위해 만들어졌다. 세상의 모든 것, 심지어 단순한 이름표조차도 창의적인 아이디어를 고무시킬 수 있다. 당신의 침실, 사무실, 교실 혹은 뒷마당을 둘러보자. 당신이 보는 모든 것이 혁신을 가져올 절호의 기회다.

우리는 모두 '인지니어스'를 갖고 있다

창의성은 끝없는 재생자원으로 언제든지 활용할 수 있다. 어린 시절 주위의 복잡한 세상을 파악하려고 할 때 우리는 자연스레 우리의 상상력과 호기심에 의지했다. 주변 모든 것들로 실험을 하고, 얼마나 멀리 떨어지는지 물건들을 던져보고, 어떤 소리를 내는지 물건들을 두드려보고, 어떤 감촉인지 손에 닿는 건 뭐든 만져본다. 우리는 어떤 맛이 나는지 주방에서 양념들을 무작위로 섞고, 친구들과 게임을 만들어내고, 다른 행성에 살면 어떨지 상상해본다. 본질적으로, 우리는 창조적 역량과 자신감을 모두 갖고 있었다. 그리고 어른들은 우리의 상상력을 자극할 환경을 만들며 우리의 창조적 시도를 장려했다.

그러다가 성인기에 도달하면, 우리는 진지해지면서 열심히 일하고 '생산적'이어야 한다는 기대를 받는다. 현재 이 순간을 탐구하고 실험하는 게 아니라 미래를 계획하고 준비하는 것에 점점 더 포커스를 둔다. 우리가 일하는 공간은 이런 새로운 포커스를 반영한다. 이런 유형의 외부 압력과 무언의 메시지로 인해, 우리는 주어진 기대에 부응하고자 애쓰며 자연스런 호기심과 창의성을 닫아버린다. 우리는 놀이를 포기하고 생산에 포커스를 둔다. 실행에 집중하기 위해 풍부한 상상력은 접어둔다. 우리가 판단하는 법을 배우고 새로운 아이디어를 무시할 때 우리의 태도는 변하고 창조적 재능은 시들어간다.

좋은 소식은 우리의 뇌가 창조적으로 문제를 해결하게끔 만들어졌으며, 우리의 자연스런 발명성을 발견하고 강화하는 건 쉬운 일이라는 것이다. 인간의 뇌는 제한된 기능의 신경세포들의 소규모 총체에서, 혁신에 최적화된 극도로 복잡한 기관으로 수백만 년에 걸쳐 진화했다. 우리의 고도로 발달한 뇌는 계속 변화하는 환경을 평가하고 각 상황에 맞게 반응들을 적용하고 뒤섞는다.

우리가 만든 모든 단락이 고유하고, 우리의 모든 상호작용이 독특하고, 우리가 내리는 모든 결정이 자유의지로 내려진다는 사실을 생각해보자. 우리가 주위 세상에 대해 끝없이 새로운 반응을 구상해내는 능력을 가진다는 사실은, 우리가 타고난 발명가라는 것을 끊임없이 상기시킨다.

노벨상을 수상한 신경과학자 에릭 캔들(Eric Kandel)은 "우리의 뇌는 문제해결을 위해 설계된 창의성 기계"라고 말했다.[5] 아이디어의 양과 다양성은 이마 바로 뒤, 즉 전두엽에 의해 조율되는 것으로 보인다. 존스홉킨스대학교의 찰스 림(Charles Limb)에 따르면, 판단을 담당하는 이 영역은 창조적 노력을 기울이는 동안에 말 그대로 꺼진다. 그는 뇌의 여러 영역

의 대사활동을 측정하는 기능성 자기공명영상(MRI)을 사용해 재즈 음악
가와 랩 아티스트들의 뇌 활동을 연구했다. 그는 MRI 스캐너에 들어간
음악가들에게 즉흥적으로 작곡을 하라고 했다. 그 결과, 판단을 담당하
는 영역인 전두엽 부분의 활동이 훨씬 저조해지는 것을 발견했다.[6] 이것
은 창조적 과정에서는 새로운 아이디어에 대한 억제가 적극적으로 차단
된다는 걸 암시한다.

우리는 대부분의 활동에서, 자신의 행동에 대한 자기모니터링(self-
monitoring)을 높여야 할 필요가 있다. 생각하는 대로 다 말하거나 머릿속
에서 드는 생각을 다 행동에 옮기지 않아야 하니까. 하지만 새로운 아이
디어를 발생시킬 때에는 이런 기능은 방해가 된다. 창조적인 사람들은 뇌
의 이 영역을 꺼서 아이디어를 더욱 매끄럽게 흐르게 하고 상상력을 풀어
내는 기술을 마스터한 사람들이다.

이 책의 원제인 '인지니어스(inGenius)'는 우리 각자에게 발산되길 기다
리는 창의적인 재능이 있다는 사실을 반영한다. 인지니어스는 '자연적 능
력' 또는 '타고난 재능'이라는 뜻의 라틴어 '인지니움(Ingenium)'에서 유래
했다. 수세기 동안 사람들은 자연적 재능에 의문을 갖고 외부에서 창조적
영감의 원천을 찾으려 했다. 고대 그리스인들은 문학과 예술의 영감을 불
러일으키는 여신, 뮤즈가 있다고 여겼다. 그런 힘을 가진 뮤즈는 사람들에
게 숭배를 받았다.[7] 엘리자베스 여왕 시대의 영국에서, 윌리엄 셰익스피
어는 소네트를 쓸 때 종종 뮤즈에게 도와달라고 호소했다.[8] 아이디어들은
종종 영감을 받아서 나온 것처럼 느껴진다. 따라서 뮤즈에게 영감을 간청

하는 건 타당하다. 하지만 이제 우리는 자신의 타고난 발명성에 불을 지피는 것은 자기 자신에게 달려 있다는 걸 안다.

사람들은 종종 창의성이 정말로 가르치고 배울 수 있는 거냐고 묻는다. 그들은 창의성이 눈동자 색깔처럼 고정된 것이어서 바뀔 수 없다고 믿는다. 즉, 현재 창조적이지 않다면 혁신적 아이디어의 창출 능력을 더 늘릴 방법은 없다고 생각한다. 나는 그 생각에 절대적으로 반대한다. 당신의 상상력을 강화시키기 위해 사용할 수 있는 구체적인 방법과 도구가 있다. 그리고 이 접근법들을 받아들임으로써 당신의 창의성은 자연스레 증가한다. 불행히도, 이런 도구들이 공식적인 방식으로 제시되는 경우는 거의 없다. 그 결과, 창의성은 대다수 사람들에게 특정한 프로세스와 상황의 자연스런 결과라기보다는 마법이나 일시적인 것으로 보인다.

창의성을 강화시키기 위해 도구들을 사용하는 것은 반직관적인 것처럼 보인다. 창의성이란 전에 하지 않았던 것들을 하는 것이 필수적이기 때문이다. 하지만 우리에게 필요한 건 가이드다. 과학자들이 실험을 설계하기 위해 신뢰할 수 있는 과학적 방법을 채택하듯, 당신의 창의성 강화는 아이디어를 창출하는 공식적 프로세스를 사용하면 더욱 용이해진다. 우리가 어릴 때부터 과학적 방법을 사용하는 방식을 배웠다는 사실을 생각해 보자. 아주 일찍부터 우리는 가설을 세우고 우리가 사는 세상에서 어떻게 작동하는지 발견하기 위해 그것들을 테스트하는 법을 배운다. 우리는 질문을 하고, 모든 가정들을 해독하고, 대답을 드러내기 위해 실험을 설계하는 법을 배운다. 이런 중요한 기술과 그와 관련된 단어는 자연스럽게 될 때까지 수년 동안 연마된다.

과학적 방법은 세상의 미스터리를 풀려고 할 때 아주 소중하다. 하지만 당신이 발견이 아니라 발명을 원한다면, 도구들과 기법들의 보완재, 바로 창조적 사고가 필요하다. 이런 두 가지 노력은 상이하지만 조화를 이루어 작동한다. 과학적 방법처럼, 창조적 사고는 잘 정의된 도구를 사용하고 발명의 경로를 밝히고 새로운 걸 발명하기 위한 소중한 프레임워크를 제공한다. 어느 영역에서든 성공한 과학자들과 혁신자들은 과학적 사고 프로세스와 창조적 사고 프로세스 둘 다 사용하며 발견과 발명 사이를 오간다. 사실 많은 위대한 과학자들은 가장 혁신적인 질문을 제기하고 과학 이론을 테스트하기 위한 독창적인 방법을 발명한 노련한 발명가들이다. 과학적 방법과 마찬가지로, 창조적 사고를 어린 시절부터 교육의 핵심 부분으로 만들고 한평생에 걸쳐 이러한 교훈들을 강화해야 할 때다.

우리는 살면서 각종 도전에 직면할 때 이미 어느 정도 창조적 사고를 사용하고 있다. 일부 도전은 재빠른 창조적 해결법으로 이어진다. 가령, 신발을 사용해 문을 열어두고, 읽다 만 곳을 표시하기 위해 책 귀퉁이를 접거나, 저녁식사를 만들 때 빠진 양념을 다른 걸로 대체하는 일 등이 있다. 이런 해결책은 누구나 일상에서 자연스럽게 사용하기 때문에 혁신적 반응으로 생각조차 되지 않는다. 하지만 다른 창조적 해결책은 하나의 산업으로 성장할 정도로 대단하다. 우리가 사용하는 모든 것이 누군가에 의해 구상되고 발명되었다는 사실을 생각해보자. 알람시계, 버튼, 카드게임, 휴대전화, 광고, 콘돔, 기저귀, 손잡이, 안경, 만능 조리기구, 차고, 벼룩시장,

19

머리빗, 인터넷, 재킷, 연, 제트엔진, 레이저, 성냥, 계량컵, 극장, 손톱 다듬는 줄, 종이클립, 연필, 액자, 라디오, 고무밴드, 양말, 토스터, 칫솔, 우산, 와인 잔, 지퍼 등등. 이 발명들은 하나같이 누군가가 문제에 직면하거나 기회를 보고 자신의 혁신을 세상에 내놓을 방법을 창조한 결과물들이다.

해결할 문제들, 이루어질 개선, 발명되어야 할 혁신적인 상품은 언제나 있다. 모든 신생 벤처들은 문제를 다루거나 기회에 반응함으로써 시작되었으며 창업자의 창의성에 의존한다. 하지만 개인들과 마찬가지로, 대다수 조직은 성숙해짐에 따라 창조적 성향을 억제하고, 상품과 프로세스를 걸어 잠그고, 상상력이 아니라 실행에 포커스를 둔다. 사용하지 않으면 근육이 쇠퇴하듯, 혁신은 무시될 때 위축된다. 이것은 실로 불행한 일이다. 무조건 앞으로만 움직이는 개인과 조직은 변화하는 환경에 창조적으로 적응하는 개인과 조직에게 점점 더 뒤처진다.

혁신적인 회사들은 뜻밖의 도전에 창조적으로 반응할 수 있는 사람을 팀원으로 삼는 게 중요하다는 걸 안다. 가령, 구글의 채용 담당자는 지원자들에게 소프트웨어나 마케팅처럼 자기가 일할 분야의 전문지식뿐만 아니라 창조적 사고를 요하는 질문도 한다.

"스쿨버스에 얼마나 많은 골프공이 들어갈까요?", "전 세계에 얼마나 많은 피아노 조율사들이 있을까요?", "당신이 동전만 하게 줄어들어 텅 빈 믹서 안으로 던져진다고 상상해보죠. 믹서는 60초 후면 작동하기 시작할 겁니다. 당신은 어떻게 할 건가요?"

이는 정확한 단 하나의 답이 없는 문제를 풀 수 있는 사람을 파악하기 위해 고안된 질문들이다.

많은 과학자들이 창의성의 측정을 공식화하려고 노력하며, '창의성 지수' 즉 CQ를 계산하기 위한 테스트를 고안해냈다. 예를 들어, 종이클립 하나와 우표 한 장과 벽돌 한 장과 종이 한 장으로 얼마나 많은 걸 할 수 있느냐는 특정한 도전이 주어졌을 때 당신이 만들어낸 다양한 아이디어의 개수를 본다. 지능지수(IQ)가 지능의 대략적인 측정이듯, 그들은 이런 타입의 측정이 당신의 창의성을 평가하는 유용한 방식이라고 믿는다.[9] 이 테스트에서, 몇 가지 빤한 대답만을 내놓는 사람들이 있는 반면에 이런 단순한 물건들의 사용법 목록을 끝없이 만들어내는 사람들도 있다. 종이클립이나 종이 한 장으로 만들 수 있는 것들에 대한 목록이 더 길고 다양할수록, 당신이 세상의 실제 도전에서 창조적 해결책을 내놓을 가능성이 더욱 크다.

하지만 내가 볼 때 이건 재미난 몸풀기 운동에 불과하다. 즉, 복잡한 체조에 들어가기 전에 하는 스트레칭이다. 실제 상황의 구체적인 문제에 대한 창조적 해결책을 낼 사람을 파악하기엔 수법이 너무 단순하다. 가령 체조대회에서 수행 능력을 판단하는 변수들의 목록은 연습량, 잘 해내려는 동기, 사용 장비 등 다양하다. 체조와 마찬가지로, 창의성은 복잡하고 지식과 추진력과 환경을 비롯한 많은 요인들의 영향을 받는다. 창의성을 판단하는 데 있어, 이런 변수들은 종이클립으로 할 수 있는 일들이나 믹서 칼날에서 벗어나는 방법에 대한 목록을 만드는 능력만큼이나 중요하다. 게다가, 창의성은 단지 개인만이 아니라 집단과 조직과 지역사회의 특질이다. 따라서 개인의 능력과 환경이 영향을 미치는 방식을 비롯해 창의성에 영향을 주는 변수들을 모두 고려하는 게 타당하다.

스탠퍼드 창의성 수업과 혁신 엔진

스탠퍼드 '디 스쿨'에서의 나의 수업은 창의성에 영향을 주는 광범위한 요인들(내면의 요인들과 외부 세상의 요인들 모두)을 살펴보는 법을 가르치게끔 설계되었다. 우리는 많은 기법을 사용한다. 워크숍, 사례연구, 디자인 프로젝트, 시뮬레이션 게임, 현장답사, 상당히 혁신적인 벤처에서 일하는 전문가들 초청 등등. 학생들은 관찰의 힘을 연마하고 아이디어들을 연결하고 조합하고 그들의 가정에 도전하고 문제를 재구성하게끔 스스로 훈련시키는 법을 배운다. 과정을 마칠 때면 그들은 참신한 아이디어 창출을 촉진하는 창조적 사고의 도구들을 갖고 떠난다.

수업 과정에서, 학생들은 창조적 사고 프로세스의 각 측면에 초점을 둔 여러 프로젝트들과 씨름한다. 그들은 공학, 과학, 법, 교육, 비즈니스, 예술 전공의 학생들이 포함된 학제적(學際的) 팀을 이뤄 일한다. 이런 학제적 접근법은 중요하다. 오늘날 직면하는 대다수 문제들이 여러 배경과 관점을 가진 사람들의 통찰력과 투입(input)을 요구하기 때문이다.

학생들은 창의성을 촉진하는 광범위한 환경을 접하고, 혁신에 최적화된 벤처를 세우는 법을 배운다. 우리는 집단에서 창의성을 강화하기 위해 수중에 있는 실행 가능한 변수들에 초점을 둔다. 즉 물리적 공간을 재디자인하고, 규정을 바꾸고, 조직 전반적으로 인센티브를 조율하는 것 등이 필요하다. 우리는 여러 회사들을 방문해 환경이 혁신에 어떤 영향을 주는지 살펴본다. 그리고 학생들에게 이런 회사들의 리더들과 교류할 기회를 마련해줌으로써, 창조적 산출(output)을 강화시키는 관행을 스스로 정립할 수 있도록 돕는다.

창의성과 혁신에 관한 수업을 수십 년간 해온 나는 '창의성은 강화될 수 있는 것'이라고 자신 있게 주장한다.

이후의 장(章)들은 효과가 있었던 특정 도구와 기법에 대한 세부사항들로 채워져 있다. 뿐만 아니라 관련된 생생한 이야기도 들려줄 것이다. 우리는 주변에서 기회를 보고, 아이디어를 연결하고 조합하고, 가정에 도전하고, 문제의 리프레임(reframe, 틀 재구성하기) 능력을 증가시킬 방법을 살펴볼 것이다. 또한 당신의 물리적·사회적 환경을 바꿔, 당신 개인의 창의성은 물론 당신과 함께 살거나 일하는 사람들의 창의성을 늘릴 방법을 탐구할 것이다. 또한, 동기와 마인드세트가 창조적 산출에 미치는 영향을 살필 것이다. 실험에 대한 의지, 벅찬 도전에 대한 창조적 해결책을 찾기 위해 장벽을 부수는 능력, 새로운 아이디어에 대한 섣부른 판단을 삼가는 기술도 포함해서 말이다. 이런 요인들이 어우러져 서로 근원적인 영향을 준다는 걸 이해하는 게 중요하다. 따라서 어느 것도 따로 떼어놓고 봐서는 안 된다.

나는 혁신 엔진을 만들었다. 모든 요인들이 어떻게 조화를 이루어 창의성을 강화하는지 보여주는 모델이다. '엔진(engine)'이라는 단어를 고른 것은 '인지니어스(ingenious)'라는 단어와 마찬가지로, 내재된 재능이라는 라틴어에서 유래했으며 이러한 자질들이 우리 모두에게서 자연스럽게 나온다는 걸 상기시키기 때문이다. 나의 목표는 당신, 당신의 팀, 당신의 조직, 당신의 지역사회의 창의성을 평가하고 늘리는 데에 즉각 사용할 수 있는 모델, 공유된 단어, 도구를 제공하는 것이다.

당신의 혁신 엔진의 내부는 세 부분으로 나뉜다. 지식과 상상력과 태도다.

- 당신의 지식은 당신의 상상력에 필요한 연료를 제공한다.
- 당신의 상상력은 지식을 새로운 아이디어로 전환하는 촉진제다.
- 당신의 태도는 혁신 엔진을 움직이게 하는 불꽃이다.

당신의 혁신 엔진의 외부는 자원, 환경, 문화로 구분한다.

- 자원은 당신의 지역사회의 모든 자산이다.
- 환경은 당신의 집, 학교, 사무실을 포함해 당신의 지역 환경이다.
- 문화는 당신의 지역사회의 총체적 믿음, 가치, 행동이다.

창의성과 마찬가지로, 혁신 엔진은 얼핏 복잡해 보일 것이다. 이 책을 진행하면서 나는 혁신 엔진을 분해해 6가지 부품들을 각각 살펴볼 것이다. 그러고 나서 한데 합친 뒤에, 창의성을 강화하는 데 있어 어떻게 조화

| 혁신 엔진 |

문화
태도
상상력
지식
자원
환경

를 이루고 서로 영향을 주는지 보일 것이다. 여러분은 이 과정에서 혁신 엔진의 개념이 반복적으로 전면에 나타나는 걸 보게 될 것이다. 우리는 당신이 직접적으로 통제할 수 있는 혁신 엔진의 부분들, 즉 당신의 지식과 상상력과 환경을 더욱 면밀히 살필 것이다. 그리고 당신은 당신의 혁신 엔진에 시동을 걸 수 있는 방법이 무수히 많다는 걸 보게 될 것이다.

1~3장은 문제를 리프레이밍하고 아이디어를 연결하고 가정에 도전함으로써 당신의 상상력을 강화하는 과정을 파고든다. 4장은 관찰력을 연마함으로써 당신의 지식 기반을 구축하는 데 포커스를 둔다. 5~8장은 공간, 인센티브, 팀 역학을 비롯해 당신의 창의성에 영향을 주는 환경 요인들을 조사한다. 9장과 10장은 실험하려는 의지와 버거워 보이는 문제의 해결이라는 도전을 밀고 나갈 능력을 정밀히 들여다봄으로써 당신의 태도를 다룬다. 그리고 11장에서는 모든 부품들을 한데 맞춘 뒤 어떻게 모든 부분들이 서로 맞물려 강력한 혁신 엔진을 만드는지 보여줄 것이다.

이 책에서 계속 나타나는 주제가 있다. 즉 창의성은 당신이 생각하는 무언가만이 아니라 당신이 행동해야 하는 무언가다. 이후 장들에서, 당신의 혁신 엔진에 시동을 거는 법을 배울 것이다. 그리고 모든 단어와 모든 물건과 모든 아이디어와 모든 순간이 창의성의 기회를 제공한다는 걸 보게 될 것이다. 경이로운 아이디어의 창출에는 비용이 전혀 들지 않는다. 그리고 아주 귀중한 결과를 가져온다.

CHAPTER

1

리프레이밍

관점을 다루어라

관점 바꾸기를 연습할 수 있는 재미난 방법은 농담 분석하기다.

이 방법은 대개 우리가 거의 기대하지 않을 때 이야기의 프레임을 바꾼다.

두 남자가 쾌청한 날에 골프를 치고 있다.

첫 번째 남자가 티오프를 하려는 순간 바로 옆 공동묘지 쪽으로 장례행렬이

지나가고 있었다. 그는 동작을 멈추고 모자를 벗은 뒤 머리를 숙였다.

두 번째 남자가 말했다.

"와우, 당신은 엄청 사려 깊군."

그러자 첫 번째 남자가 대답했다.

"최소한의 도리지. 그녀와 나는 25년간 결혼 생활을 했으니까."

"5에 5를 더하면 얼마인가요?"

"어떤 두 숫자를 합하면 10이 나오나요?"

첫 번째 질문에는 오직 하나의 정답만이 있다. 하지만 두 번째 질문은 음수와 분수를 비롯해 무한한 답이 나온다. 간단한 덧셈에 근거하는 이 두 질문은 프레이밍(framing, 틀 짓기) 방식에서 차이가 있다. 사실, 모든 질문이 바로 해답이 떨어지는 프레임이다.

보다시피, 질문의 프레임을 변경시킴으로써 당신은 가능한 해결책의 범위를 대폭 바꿀 수 있다. 앨버트 아인슈타인의 말을 인용하겠다.

"문제를 해결할 시간이 1시간 있고 그 해결책에 내 인생이 달려 있다면, 나는 우선 어떤 질문을 제기하는 게 적절한지 판단하는 데 55분을 쓸 것이다. 일단 적절한 문제를 알기만 한다면 문제해결엔 5분도 걸리지 않기 때문이다."

: '디 스쿨'에서 제일 먼저 배우는 것 '공감' :
어떻게 다르게 볼 수 있을까?

문제를 프레이밍하는 능력은 당신의 상상력을 증가시키는 중요한 도구다. 그것은 광범위한 해결책을 열어주기 때문이다. 그리고 연습하면 꽤 자연스러워진다. 사진을 찍는 것은 이러한 스킬을 연습할 좋은 방법이다. 정열적인 사진작가 포레스트 글릭(Forrest Glick)은 캘리포니아주 폴렌(Fallen) 호수 근처에서 사진 워크숍을 하고 있다. 그는 매번 참여자들에게 여러 관점에서 풍경을 보며 촬영을 프레이밍하고 리프레이밍하는 법을 알려준다. 그는 전체 장면을 포착하기 위해 와이드앵글 사진을 찍으라고 한 뒤, 바닷가 근처 나무를 찍게 한다. 그러고는 야생화나 그 꽃 위의 무당벌레를 찍으며 포커스를 조금씩 근거리로 바꾸라고 한다. 그는 심지어 발을 움직이지 않고서도 관점을 바꿀 수 있다고 지적한다. 당신의 시계(視界)를 위아래로 전환하거나 좌우로 움직여 촬영하기만 해도, 당신은 완전히 이미지를 바꿀 수 있다. 물론 호수의 다른 쪽으로 걸어가거나, 산 정상에 올라가거나, 물 위에서 보트를 타면 당신은 프레임을 더 많이 바꿀 수 있다.

이런 유형의 리프레이밍의 사례는 1968년 제작된 놀라운 다큐멘터리 영화 〈10의 힘(Powers of Ten)〉에서도 찾을 수 있다. 찰스 임스와 레이 임스(Carles & Ray Eames)가 쓰고 감독한 작품이다. 온라인에서 볼 수 있는 이 영화는 10의 요인들을 사용해 우주를 표현한다.

> 이 영화는 시청자들을 시카고 호반에서의 피크닉에서 우주의 밖으로 데려간다. 시청자들은 10초마다 출발점에서 멀어진다. 마침내 은하가 우주의 한 점 정도로 보이게 된다. 숨 가쁜 속도로 지구로 다시 돌아온 시청자들은 잠시 소풍 나왔다가 잠든 사람의 내부로 들어간다. 화면은 매 10초마다 10배씩 확대된다. 이 여정은 백혈구 DAN 분자 안에 있는 산소 원자의 양성자 내부에서 끝난다.[1]

이것은 당신이 세상의 모든 상황을 다른 각도 ―가까이에서, 멀리서, 거꾸로, 뒤에서― 볼 수 있다는 사실을 일러준다. 우리는 온종일 보고 듣고 경험한 것에 대한 프레임을 창조하고 있다. 그런 프레임은 우리의 사고방식에 대해 알려주고 제한한다. 대다수의 경우는 프레임에 대해 생각조차 하지 않는다. 당연히 적절한 렌즈로 세상을 바라보고 있다고 생각할 뿐이다. 하지만 바로 이 '준거기준(frame of reference)'에 의문을 갖고 바꿀 수 있는 능력이 상상력을 강화하는 중요한 열쇠다. 그것은 완전히 다른 통찰력을 드러내기 때문이다. 이것은 각 상황을 다른 개인들의 관점에서 바라봄으로써도 가능하다. 가령, 아이나 노인은 그 상황을 어떻게 볼까? 전문가와 신참, 지역 거주민과 방문자의 관점은 어떤가? 부자와 가난한 사람은?

키 큰 사람과 작은 사람은? 각각의 각도는 다른 관점을 제공하고 새로운 통찰력과 아이디어를 열어준다.

스탠퍼드 '디 스쿨'에서, 학생들은 매우 다른 부류의 사람들에게 공감을 하고 그들의 특정한 니즈에 맞는 경험과 상품을 디자인하는 법을 배운다. 공감할 때, 당신은 다른 사람의 관점을 당신의 관점으로 전환함으로써 당신의 준거기준을 변화시키는 것이다. 즉 당신의 관점이 아니라 사용자의 관점에서 볼 수 있다. 가령 도시락부터 달착륙선까지 당신이 무언가를 디자인하려고 한다면, 남들이 다양한 갈망과 요구조건을 갖고 있다는 걸 곧 발견하게 될 것이다. 학생들은 관찰하고 경청하고 인터뷰하고 각 사용자의 관점에서 세부적인 그림을 그리기 위해 통찰력을 끌어냄으로써, 이런 니즈들을 발견하는 법을 배운다.

문제를 해결할 때 프레임을 열어주는 또 다른 중요한 방식은 '왜'로 시작되는 질문을 던지는 것이다. 마이클 배리(Michael Barry)는 니즈 찾기 수업에서 다음과 같은 사례를 사용한다. 만일 내가 당신에게 다리를 지어달라고 한다면, 당신은 나가서 다리를 지을 것이다. 아니면 또 다른 질문을 갖고 돌아올 수도 있다.

"왜 다리가 필요한 겁니까?"

나는 강의 반대편에 가기 위해 다리가 필요하다고 말할 것이다.

이런 반응은 가능한 해결책의 프레임을 열어준다. 다리를 사용하는 것 외에도 강을 건너는 방법은 분명 많다. 몇 가지 생각해보자면, 터널을 파거나 페리를 띄우거나 카누를 젓거나 짚라인(zip line, 계곡이나 숲 사이에 와

이어를 설치해 줄을 타고 이동하는 수단-옮긴이)을 사용하거나 열기구를 날릴 수 있다.

또다시 당신은 내게 왜 강 반대편으로 가려는지 물음으로써 프레임을 더 멀리 열 수 있다. 나는 강 반대편에서 일한다고 대답할 수 있다. 다시 한번, 이것은 소중한 정보를 제공하고 가능한 해결책의 범위를 넓힌다. 강을 건너지 않고서도 생계를 유지할 수 있는 실행 가능한 방법들이 있을 것이다.

'왜'라는 질문을 하는 이 단순한 과정은 해결책의 범위를 확장하는 대단히 유용한 도구를 제공한다. 이 책의 서두에 나온 이름표 이야기는 이런 개념을 강화한다. 왜 이름표를 사용하는지 물었을 때 해결책의 범위가 기하급수적으로 확장되는 것이다.

: 코닥과 넷플릭스의 엇갈린 명암 :
왜 리프레이밍이 필요한가?

다른 프레임을 사용해 상황을 보는 능력은 각종 도전과 씨름할 때 아주 중요하다. 1543년 이전의 사람들은 태양과 모든 행성들이 지구 주위를 돈다고 믿었다는 사실을 생각해보자. 하늘을 바라본 모두에게 지구가 우주의 중심인 것은 분명해 보였다. 하지만 1543년에 코페르니쿠스는 태양이 태양계의 중심이라고 제시함으로써 그 모든 것을 바꾸었다. 이것은 관점 혹은 프레임의 급진적인 변화인데, 오늘날 '코페르니쿠스 혁명'이라고 부르는 것으로 이어졌다. 지구를 태양 주위를 도는 많은 행성들 가운데 하나에 불과한 것으로 보는 관점의 전환은, 우리가 우주나 그 안에서 우리의 역할에 대해 생각하는 방식을 대폭 바꿔놓았다. 천문학의 세계를 열었으며 질의의 새로운 플랫폼을 제공했다.

일부 예술가들과 음악가들은 우리의 준거기준을 전환해 새로운 시각으

로 세상을 보게 만드는 전문가들이다. 그래픽 아트로 유명한 에스헤르(M. C. Escher)는 지각을 갖고 놀며 전경을 후경으로 보이게 만들거나 후경을 전경으로 보이게 만든다. 그의 가장 유명한 작품에서 전경과 후경은 새와 물고기로 구성된다. 위에서 아래로 이미지를 내려다보면 전경의 새는 후경으로 밀려나고 후경의 물고기가 출현한다.

또 다른 사례는 작곡가 존 케이지(John Cage)다. 그는 1952년 '4′33″(4분 33초)'라는 작품을 작곡했다. 악기 연주용으로 작곡된 이 악보의 지시에 따르면, 연주자들은 악기를 전혀 연주하지 않고 가만히 앉아 있어야 한다. 목표는 청중이 연주되는 음악 대신에 공연장 주변 소리에 집중하게 하는 것이다. 이 논란적인 음악은 우리의 관심을 평상시 우리를 둘러싸고 있던 소리로 돌렸다는 점에서 도발적이다.

또 다른 음악적 사례는 저명한 바이올리니스트 조슈아 벨(Joshua Bell)과 관련된다. 그는 보통 자신의 연주를 보기 위해 수백 달러를 지불하는 단골 청중이 꽉 들어찬 공연장에서 연주한다. 2007년 〈워싱턴포스트〉의 칼럼니스트 진 바인가르텐(Gene Weingarten)은 벨에게 워싱턴D.C의 지하철역에서 연주해달라고 요청했다. 다른 상황에서 연주하는 그에게 사람들이 어떻게 반응하는지 보기 위해서다. 벨은 평상복에 야구 모자 차림으로 자신의 스트라디바리우스(Stradivarius) 바이올린으로 장중한 음악을 연주했다. 바인가르텐은 지하철역에 몰래카메라를 설치해 지나가는 사람들의 반응을 지켜봤다. 그날 벨을 본 1,097명 가운데 7명만이 연주를 듣기 위해 멈춰섰다. 무대에서 연주했던 것과 똑같은 음악을 연주하고 있었는데도 말이다. 45분의 연주 동안 벨은 팁으로 겨우 32.17달러를 벌었다. 그나마 20달러는 그를 알아본 누군가가 낸 것이다. 그가 비전형적인 상황에서 연주하고 청중이 공연장에 앉아서 듣지 않는 이 설정에서, 사람들은 음악의 아름다움에도 불구하고 그의 존재를 거의 알아차리지 못했다.

이런 새로운 프레임에서, 행인들은 무대 조명 속의 그를 볼 때와 같은 관점에서 바라보지 않았다.[2] 우리는 날마다 프레임 바꾸기 연습을 할 수 있다. 가령, 바위나 떠다니던 통나무를 전시장에 놓으면 예술품이 될까? 당신 사무실의 어린 조수를 미래의 CEO로 바라보는 건 어떤가? 혹은 바닥에서 앉아서 아이들이 어떻게 세상을 바라보는지 볼 수도 있다.

준거기준을 뒤흔드는 또 다른 방식은 당신의 환경을 모조리 바꾸는 것이다. 멋진 사례는 시디베이비(CD Baby)의 창업자인 데릭 실버스(Derek Sivers)가 테드 강연(TED Talk, 저명인사들이 참여하는 일종의 지식 페스티벌 강연-옮긴이)에서 했던 '기이한가, 아니면 단지 다른 건가'에 대한 이야기에서 찾을 수 있다. 그는 일본에서 도시가 조직되는 방식을 설명한다. 일본에서는 미국에서처럼 거리 이름을 붙이고 빌딩에 숫자를 매기는 게 아니라, 도시 블록에 숫자가 매겨진다. 거리는 블록 사이의 공간으로 보인다. 그런데 각 블록의 빌딩들은 위치한 장소가 아니라 지어진 순서에 따라 숫자가 매겨진다.[3] 세월이 흐르면서 빌딩들이 하나하나 들어서는 걸 지켜본 지역 주민들에게는 이 방법이 직관적일 수 있다. 이 사례는 우리가 일을 처리하는 대부분의 방식이 다소 자의적이라는 사실을 지적한다. 당신이 내린 선택의 자의적인 본질을 보고, 관점을 바꾸는 방식을 찾아내 대안적 접근법을 발견하느냐는 당신에게 달렸다.

우리는 자신의 방식을 단 하나의 올바른 방식으로 여기는 실수를 저지른다. 각 행사마다 거기에 맞는 적절한 유형의 옷이 있다고 믿는 경우나, 누군가를 맞이하는 방식에 대해 미리 정해진 아이디어를 갖고 있는 경우가 그렇다. 하지만 중국, 멕시코, 파키스탄, 한국으로 가면 전혀 다른 표준을 볼 수 있다. 중국에서 아침 식사를 하러 간다면 새우 맛이 나거나 피단(皮蛋)이 들어간 쌀죽을 받게 될 것이다. 멕시코에서는 위틀라코체(Huitlacoche, 검게 병든 옥수수로 버섯 맛이 남-옮긴이)가 들어간 오믈렛을 받게 된다. 파키스탄에서는 염소의 머리와 발이 들어간 수프를 먹게 된다. 그리고 한국에서는 분명 발효시킨 채소를 먹게 될 것이다. 음식과 관련해서 일부 혁신적인 요리사들은 심지어 레스토랑의 정의와 미래도 다시 생각한다. 일부 요리사들은 고객들을 장시간 끌어들일 공간을 디자인하고 그에 맞는 건물을 짓는 대신에, 잠깐 존재하다가 사라지는 '팝업' 레스토랑을 세우고 있다. 이 반짝 레스토랑들은 극장 공연과 비슷하다.[4] 그리고 이 리프레이밍은 레스토랑의 장식, 메뉴, 서빙 직원들, 광고 전략에 대한 가능성들을 전환한다.

이런 유형의 사고는 전 세계 어느 산업에도 적용할 수 있다. 한국의 테스코 푸드마케팅 비즈니스의 디렉터들은 시장 점유율을 대폭 늘리려는 목표를 세우고 그걸 달성할 창조적 방법을 찾아야 했다. 고객들이 너무 바빠서 상점에 갈 시간을 내는 게 스트레스라는 걸 깨달은 이들은 상점을 고객에게 가져가기로 했다. 식료품 구역의 사진을 찍어 지하철역에 풀

사이즈 이미지로 붙여놓음으로써 쇼핑 경험을 리프레이밍했다. 사람들은 전철을 기다리는 동안 스마트폰으로 QR코드를 찍어 물건을 사고 신용카드로 결제해 장을 본다. 그들이 집에 도착할 무렵이면 물건들은 이미 배달되어 있다. 쇼핑에 대한 이러한 새로운 접근법은 테스코의 판매를 크게 증진시켰다.[5]

문제를 리프레이밍하는 것은 사치스런 일이 아니다. 오히려 시장과 기술이 계속 변하는 상황에서 생존하려면 모든 회사들은 자사의 비즈니스를 계속 리프레이밍해야 한다. 코닥은 자사의 비즈니스를 카메라와 필름 만드는 것으로 한정했다가 결국 디지털카메라가 필름 사진을 무용지물로 만들면서 크게 손실을 입었다. 자사의 비즈니스를 새로운 기술을 포함시키는 것으로 볼 정도로 프레임을 일찍 열지 못했기 때문이다. 반면에 우편으로 영화 DVD를 배달하기 시작한 넷플릭스(Netflix)는, 단순히 DVD 배달 사업만이 아니라 영화배달 사업에서 자사를 바라보며 목표를 더욱 넓게 프레이밍했다. 그리고 기술 발달로 값싼 온라인 영화배달이 가능해지자 새로운 경쟁의 장에서도 우위를 점할 태세를 갖추었다.

책과 관련해서도 역시 같은 일이 벌어지고 있다. 아마존은 원래 종이책을 배송하기 위해 설립되었지만, 열정적으로 자사의 비즈니스를 리프레이밍하여 전자책 판매를 수용하고 심지어 자사의 디지털북 리더기인 킨들까지 만들었다.

: 의료장비를 액세서리로 리프레이밍한 비스포크 :
리프레이밍의 진정한 의미

문제의 프레이밍과 리프레이밍은 또한 혁신적인 새로운 모험으로의 문을 열어준다. 스콧 슈미트(Scott Summit)는 비스포크(Bespoke)의 창립자로, 팔다리를 잃은 사람들을 위한 보철장비를 만드는 완전히 새로운 방법을 창조했다.[6] '비스포크'는 고어(古語)로 '맞춤형'이라는 뜻이다. 그의 회사가 바로 그렇다. 즉 팔다리를 잃은 사람들을 위해 고객맞춤형 팔다리를 만든다. 슈미트의 가장 큰 통찰력은 인공 팔다리를 착용하는 일부 사람들이 자신의 장애에 당황해하며 보기 흉한 인공 장비를 가능한 한 숨기길 원한다는 것이다. 그는 인공 팔다리를 단지 기능적인 의료장비만이 아니라 패션 액세서리로 바라봄으로써 문제를 리프레이밍했다. 그는 진짜 팔다리보다 더 멋진 보철을 만들기로 했다.

비스포크는 3D 프린팅의 최신 기술을 이용해 맞춤형 팔다리를 만든다. 디자이너들은 우선 보철 팔다리가 고객의 진짜 팔다리와 완전히 대칭이 되게끔 3D 스캔을 한다. 새로운 팔다리를 프린트한 뒤에는 사용자의 라이프스타일에 어울리는 물질로 커버한다. 가령, 가죽 카우보이 부츠처럼 보이게 디자인하거나 사용자의 모터사이클에 어울리게 붓질한 크롬도금으로 덮을 수 있다. 패셔너블한 드레스에 어울리는 레이스처럼 보이게 잘라낼 수도 있다. 기능적일 뿐만 아니라 공개적으로 자랑스럽게 내놓을 수 있다. 이렇게 해서, 보철장비는 의료장비에서 패션 표현의 수단으로 전환된다.

혁신적인 교육자들은 교사가 된다는 의미와 학생이 된다는 의미를 리프레이밍하고 있다. 가령 일반적인 역사 수업에서 학생들은 사실들과 날짜들로 가득한 교과서를 받고 이 정보를 암기해야 한다. 하지만 한걸음 물러나 목표를 재고한다면, 교실 경험을 완전히 다르게 디자인할 수 있다. 스탠퍼드 교육대의 교수진이 학생의 관점을 대폭 바꾼 새로운 역사 커리큘럼을 디자인한 것이 그 예다. 수동적인 학생이 아닌 적극적인 역사가가 되는 것이다.

스탠퍼드대학교 교육대 학장인 데보라 스티펙(Deborah Stipek)에 따르면, 고등학생들은 이제 교과서 대신에 공부해야 할 오리지널 자료를 받는다. 이를테면 당대에 살았던 사람들이 주고받은 편지 복사본이나 다른 관점에서 이야기를 다룬 지역 신문기사다. 새로운 프로젝트 '역사가처럼 읽기'는 애비 레이즈먼(Abby Reisman)과 샘 와인버그(Sam Wineburg)가 이끄는데, 학생들은 모든 관점에서 정보를 공부하고 그 시대에 정말로 일어났던 일에 대해 각자 의견을 낸다. 그리고 급우들과 이슈에 대해 논의하고 토론한다. 이 접근법은 자료를 더욱 풍부하고 깊이 이해하게 만들 뿐만 아니라 통찰력 깊은 연결과 발견을 가능케 한다. 심지어 더 많은 걸 발견하게 해준다.[7] 역사적 사실을 얼마나 잘 알고 있는지에 근거해 평가했을 때, 오리지널 자료를 사용했던 역사 수업의 학생들은 교과서를 사용한 일반적인 수업의 학생들만큼 우수했다. 게다가 시험 점수 외에 다른 이점들도 많다. 이 학생들은 수업에 더 참여적이며 역사에 대해 더욱 열정적인 태도가 되었다. 스스로를 역사 조사관으로 여기며, 역사적 사실들만 외워댔더라면 결코 배우지 못했을 비판적 사고 능력을 얻었다. 역사 교육 방식을 리프레이밍함으로써, 또한 학생들에게 다양하고 종종 모순적인 정보를 제공함으로써, 우리는 학생들이 다른 준거기준으로 세상을 바라보는 법을 배우게 도왔다.

여기 당신이 관점 바꾸기를 연습할 재미난 방법들이 있다. 내가 좋아하는 방법은 농담 분석하기다. 사례를 보자.

> 두 남자가 쾌청한 날에 골프를 치고 있다. 첫 번째 남자가 티오프를 하려는 순간 바로 옆 공동묘지 쪽으로 장례행렬이 지나가고 있었다. 그는 동작을 멈추고 모자를 벗은 뒤 머리를 숙였다.
>
> 두 번째 남자가 말한다.
>
> "와우, 당신은 엄청 사려 깊군."
>
> 첫 번째 남자는 말한다.
>
> "최소한의 도리지. 그녀와 나는 25년간 결혼 생활을 했으니까."

이 이야기의 프레임은 마지막 대사에서 전환된다. 처음에 남자는 사려 깊은 것처럼 보였지만, 죽은 사람이 그의 아내라는 걸 알았을 때 그는 얼간이로 바뀐다.

또 다른 사례는 영화 〈핑크 팬더(Pink Panther)〉에서 찾아볼 수 있다.

형사 클루조	당신 개는 사람을 무나요?
호텔 점원	아뇨.
클루조	(개를 쓰다듬기 위해 몸을 숙이며) 착한 멍멍이.

(개가 클로조의 손을 문다.)

클루조	당신 개는 사람을 물지 않는다면서!
호텔 점원	그건 내 개가 아닌데요.

그들이 서로 다른 개에 대해 말하고 있다는 걸 깨달을 때, 프레임은 농담의 끝 부분에서 전환된다. 농담을 자세히 들여다보면 창의성과 유머가 통상적으로 프레임 전환에서 비롯된다는 걸 알 수 있다.

문제를 리프레이밍하는 데에는 노력, 주의, 연습이 필요하다. 이것은 주변 세상을 완전히 새로운 관점에서 보게 해준다. 당신의 관점을 물리적·정신적으로 바꿈으로써, 다른 사람의 관점에서 세상을 바라봄으로써, '왜'라고 시작하는 질문을 던짐으로써, 리프레이밍을 연습할 수 있다. 그리고 이런 연습은 당신에게 닥친 문제에 대한 상상력 풍부한 접근법을 창출할 능력을 강화한다.

CHAPTER

2

아이디어 자극

말랑한 사고력 만들기

유쾌한 발명들은 겉보기엔 관련 없어 보이는 물건들과 개념들을 연결하고 조합시킨 데서 나온다. 그것들을 한데 융합시킬 방법을 탐구함으로써, 우리는 놀랍고도 흥미로운 많은 아이디어들의 출현을 보게 된다.

배 부분에 걸레가 붙은 아기 옷은 아기가 기어다닐 때 바닥을 청소할 수 있다. 등에 모눈 이 그려진 셔츠를 입으면 누군가에게 가려운 곳을 긁어달라고 정확하게 말할 수 있다. 거 꾸로 된 우산은 비가 올 때 걸어다니며 물을 모을 수 있다. 떼어서 젓가락으로 사용할 수 있는 안경다리를 가진 안경도 있다. 이러한 발명들은 곧바로 실용화되지는 못할 것이다. 하지만 어쩌면 가능할지도 모를 새로운 아이디어로의 문을 열어줄 것이다.

당신이 체커보드를 야식으로 바꾼다면 어떻게 될까? 다음과 같은 문구로 팔리는, 먹을 수 있는 체커를 얻게 될 것이다.

"이긴 뒤에 드세요."

하이힐을 세발자전거처럼 바꾼다면? 보조바퀴가 달린 편한 구두가 된다. 디저트 접시를 얼음조각 쟁반으로 바꾼다면? 아이스크림 그릇은 사용 후에 녹아내려 설거지할 필요가 없다.

이것은 존 캐시디(John Cassidy)와 브렌든 보일(Brendan Boyle)의《기발한 발명들(The Klutz Book of Inventions)》에 실린 멋진 공상 아이디어들 가운데 일부다. 이 책의 목적은 독자들이 우스꽝스러운 아이디어를 맘껏 창조하게 돕는 것이다. 사실 많은 탁월한 아이디어들이 처음 구상될 때는 미친 소리처럼 들렸기 때문이다.[1] 그들이 설명하는 유쾌한 발명들은 겉보기엔 관련 없어 보이는 물건들과 개념들을 연결하고 조합시킨 데서 나온다. 그것들을 한데 융합시킬 방법을 탐구함으로써, 우리는 놀랍고도 흥미로운 많은 아이디어들의 출현을 보게 된다.

이것은 '무용한' 발명을 구상해내는 일본의 진도구(珍道具) 이면의 철학과 비슷하다. 본래 진도구는 관련 없는 물건들을 조합해 아주 기발한 발명을 만들어내는 것과 관련 있다. 가령, 배 부분에 걸레가 붙은 아기 옷은 아기가 기어다닐 때 바닥을 청소할 수 있다. 등에 모눈이 그려진 셔츠를 입으면 누군가에게 가려운 곳을 긁어달라고 정확하게 말할 수 있다. 거꾸로 된 우산은 비가 올 때 걸어다니며 물을 모을 수 있다. 떼어서 젓가락으로 사용할 수 있는 안경다리를 가진 안경도 있다. 이런 발명들은 곧바로 실용화되지는 못할 것이다. 하지만 각각은 어쩌면 가능할지도 모를 새로운 아이디어로의 문을 열어줄 것이다.

특이한 아이디어와 물건을 연결하고 조합하는 능력은 혁신에 필수적이며 창조적 사고 과정의 핵심이다. 문제를 리프레이밍하는 능력과 더불어, 그것은 당신의 상상력을 끌어들여 당신의 혁신 엔진을 열어준다. 아주 새로운 아이디어를 내놓기 위해서는 당신이 아는 것들과 당신이 가진 자원을 재조직하고 재배열할 수 있어야 한다.

: 일류 공대생과 섹스트론 :
혁신적인 사고는 무언가를 깨부숴야 나온다

아이디어의 연결과 조합을 연습할 수 있는 한 가지 방법은 매주 〈뉴요커(NewYorker)〉 카툰 캡션 콘테스트에 참가하는 것이다. 매주 〈뉴요커〉는 마지막 지면에 대사 없이 만화를 싣는다. 독자들이 대사를 제출하면 다음 주에 3개가 선별되어 잡지에 실린다. 모든 독자는 자기가 좋아하는 대사를 골라 투표할 수 있다.

만화에는 항상 어울리지 않거나 엉뚱하게 놓이거나 균형에 맞지 않은 이미지가 들어 있다. 이야기를 한데 묶는 유머러스한 방법을 찾는 것은 당신에게 달렸다. 당첨된 대사는 예기치 못한 방식으로 이미지와 아이디어를 조합한다.

다음 페이지의 그림은 대사 없는 〈뉴요커〉 만화의 두 사례다. 하나는 디너파티에 참석한 괴물이고, 다른 하나는 사무실에 책상 대신 목마가 있는 그림이다. 당신은 어떤 대사를 만들어내겠는가? 당첨된 대사는 이 책 뒷부분의 주(註)에서 볼 수 있다.[2]

《우아한 아이디어가 세상을 지배한다(In Pursuit of Elegance)》의 저자, 매튜 메이(Matthew May)는 카툰 콘테스트에서 우승하는 전략을 공유한다. 그는 대회에서 우승할 확률이 만분의 일이라는 걸 깨달았다. 따라서 아주 독창적인 무언가를 생각해내야 했다. 매튜는 이미지와 관련된 개념이나 물건들의 목록을 썼다. 그가 고민한 만화는 침대에서 유해물질 보호복을

입고 있는 남녀였다. 그는 목록에 '침대', '호텔', '섹스', '보호', '세균', '복장' 등의 단어를 적었다. 그러고는 이 단어들의 연상에 대해 5분간 브레인스토밍을 했다. 새로운 연상은 다시 만화에 적용되어 새로운 방식으로 연결되었다. 그는 이렇게 말했다.

"혁신적인 사고는 무언가를 깨부수어야 한다. 당신의 표준적·단선적 사고 패턴 말이다. 오프로드로 감으로써 당신은 트랙으로 되돌아가게 된다."

매튜의 당첨된 대사는 다음과 같다.

"다음번엔 우리도 그냥 남들처럼 감기 예방주사를 맞는 게 어떨까?"[3]

앨런 뮤레이(Allen Murray)는 에든버러아트칼리지 디자인스쿨의 책임자다. 그는 과거 에인트호벤(Eindhoven) 공대 대학원생들에게 이런 기술을 연마하게 도울 놀라운 숙제를 내주었다. 바로 '섹스트론(sextorn)'을 발명하라는 도전을 준 것이다. 학생들은 커피머신과 드라이어기 또는 전화기와 전동칫솔 같은 두 가지 가정용품을 조합해 섹스용품으로 쓸 수 있는 새로운 무언가를 만들어야 한다. 그리고 새로운 기기에 대한 정식 사용자 매뉴얼도 디자인해야 한다. 이건 분명 암스테르담에서나 가능한 프로젝트다.

그의 목표는 학생들에게 결코 상상하지 못했던 방식들로 영감을 불러일으키려는 것이다. 그들은 황당한 숙제를 하느라 힘든 시간을 보냈지만, 전에 연결된 적이 없는 물건들을 연결함으로써 마음과 몸(머리에서 발끝까지)을 특이한 방식으로 자극하는 놀랍도록 혁신적인 상품들을 생각해낼 수 있다는 걸 배웠다.

일본에서 나는 내 강의에 참석하려고 하는 사람들에게 비슷한 선행 숙제를 냈다. 꽃병과 신발 같은 전혀 관련 없는 두 가지 가정용품을 고른 뒤 그것들을 조합시켜 새롭고 소중한 것을 만들어낼 방법을 알아내라고 했다. 그 결과는 각양각색이었다. 물건에 대한 대안적인, 의도하지 않은 사용법을 창조한 사람들이 있는가 하면, 기존 물건의 기능성을 더욱 강화시킨 사람들도 있다. 드물긴 하지만, 익숙한 두 물건을 사용해 완전히 새로운 무언가를 창조한 사람들도 있다.

일본인 수강생들의 기발한 사용법들을 살펴보자. 야구 모자를 거꾸로 벽에 고정시켜 작은 농구 골대를 만들고, 계란 포장용기와 스펀지로 귀걸이 보관대를 만들고, 립스틱과 손톱 광택제를 사용해 그림을 그린다. 비슷한 맥락에서, 내가 귀국할 때 샌프란시스코 국제공항에서 본 아트박람회는 폐기용품의 재사용에 대한 늘어가는 관심을 기발한 방식으로 살펴보는 자리였다. 전시물품으로는 안팎을 뒤집은 자동차 타이어로 만든 커다란 그릇과, 사용했던 병의 뚜껑으로 만든 멋진 장신구가 있었다. 가장 마음에 든 것은 사탕봉지들을 천으로 삼아 만든 드레스였다.

일본인들이 기존 물건의 기능성을 강화시킨 상당수 창조물에는 시계가 포함됐다. 가령 어떤 사람은 알람시계와 단어 플래시 카드를 조합했다. 아침에 알람시계가 울리면 알람을 끄기 위해 플래시 퀴즈에서 특정 수의 단어를 맞춰야 한다. 또 다른 사람은 시계와 방향제를 조합해서 시계가 시간대에 따라 다른 향기를 발산하게 한다. 아침 향기는 활기찬 것으로, 저녁 향기는 느슨해지는 것으로.

가장 감동적인 답안은 두 아이의 아버지인 한 남자가 보낸 것이었다. 그의 아내는 셋째아이를 유산으로 잃었다. 부부는 크게 슬퍼했다. 하루는 직장에서 집으로 돌아오자 세 살 난 아들이 인형을 주었다. 돌돌 만 신문과 고무밴드로 만든 인형이었다. 아들은 아버지에게 말했다.

"아빠, 아기 대신에 인형을 만들었어요. 이거 아빠 줄게."

이런 감동적인 이야기는 해결책이 물리적인 것만이 아니라 정서적인 것도 될 수 있다는 걸 상기시킨다.

: 아이디어 타가수분 하기 :
좋은 예술가는 베끼고 위대한 예술가는 훔친다

스케일을 달리 하면, 이러한 유형의 '타가수분(cross-pollination, 생각의 교류)'은 지역사회에서도 일어난다. 아이디어가 문화교차적 출처로부터 무작위로 재배열될 때다. 혁신을 강화하는 데에 있어 무역의 중요성을 다룬 〈월스트리트저널〉 기사를 살펴보자.

"문화와 무역의 관계는 생물학과 섹스의 관계다"라는 유추는 이런 개념을 잘 드러낸다. 기사에 따르면, 고대 알렉산드리아와 이스탄불 또는 현대의 홍콩과 런던과 뉴욕처럼 많은 문화권의 사람들을 끌어들인 세계의 각 교차로에 있는 지역사회는 아이디어의 타가수분과 창의성 증가의 혜

택을 받는다.[4]

이 개념은 버클리 캘리포니아대학교 정보대학 학장인 애너리 색서니언(AnnaLee Saxenian)에 의해 심도 깊게 탐구되었다. 그녀는 혁신이 조성된 지역사회에 대해 심층조사를 했다. 그리고 도시가 창의성의 허브가 될지 아닐지를 결정하는 중요한 요인들을 연구했다. 그녀의 저서《지역적 우위(Regional Advantage)》는 실리콘밸리에서 높은 수준의 혁신과 기업가정신을 가능케 한 요인들을 살펴본다. 본질적으로, 실리콘밸리의 혁신은 개인 및 기업들 간에 아이디어의 광범위한 타가수분 덕분에 활발하다. 실리콘밸리에서 기업들은 좁은 영역에 밀집해 있어, 비공식적인 상호작용이 많고 공식적인 연결도 쉬워진다. 또한 배경이나 사회경제적 수준이 다양한 사람들 간의 의사소통에 대한 문화적 장벽이 매우 낮다.[5]

샌프란시스코 베이지역(Bay Area)의 학교에서 진행되는 야구 게임을 생각해보자. 한 팀에 속한 아이들은 각계각층 출신일 가능성이 크다. 스탠드에 앉아 자녀들이 야구하는 모습을 지켜보는 학부모들은 그런 인구학적 다양성을 반영할 것이다. 격식 없이 발생하는 토론은 종종 다른 곳에서는 일어나지 않을 흥미로운 기회들로 이어진다. 가령, 회사 중역이나 벤처 자본가가 새로운 회사를 차리는 엔지니어 옆에 앉아 있을 수 있다. 아이들이 야구하는 걸 지켜보는 동안 그들의 일상적 대화는 유용한 조언, 직원이 될 만한 사람의 추천, 심지어 새로운 벤처의 자금 지원으로 이어진다.

엔지니어이자 기업가인 마크 즈데블릭(Mark Zdeblick)에게 바로 그런 일이 벌어졌다. 그는 동네 카페에서 저녁을 먹고 있었다. 그의 아들은 옆

테이블의 어린 소녀들과 놀기 시작했다. 마크는 소녀들의 할아버지와 대화를 하다가, 그가 자신이 연구하던 기술의 발명가라는 걸 알게 되었다. 소녀들의 아버지도 그 자리에 있었는데, 그 역시 성공한 기업가이자 벤처 자본가이다. 이후 이어진 수차례 대화 끝에, 마크와 소녀들의 아버지는 프로테우스 바이오메디컬(Proteus BioMedical)이라는 개인의 건강과 웰빙과 관련된 기술을 개발하는 새로운 회사를 같이 시작하기로 했다.

실리콘밸리에는 공개 강의와 컨퍼런스와 심지어 사람들이 일하는 카페를 비롯해, 모르는 사람들을 만나고 아이디어의 흐름을 촉진할 기회가 무수하다. 가령 매주 STVP에서 우리는 〈지도자들의 기업가적 사고(Entrepreneurial Thought Leaders)〉 강의를 주최한다. 이 프로그램은 대중에게 열려 있고 정보교환이 뒤따른다. 학생들, 교수진, 기업가들, 투자자들, 방문자들에게 최신 아이디어에 대해 듣고 만남의 기회를 제공한다. 자기 회사나 자신의 전문영역의 외부에 있는 사람들과 교류하고 배움을 얻을 기회와 사회적으로 다양한 사람들과 어울리는 일이 드문 세계의 일부 지역과는 정반대다.

대다수 대학교는 학제간 아이디어 교환을 촉진하게끔 설계되어 있다. 그렇게 많은 혁신이 대학교에서 일어나는 것도 그 때문이다. 전 세계에서 온 여러 다른 문화와 전공의 사람들을 한데 모으고 함께 일할 공간을 준다. 배우러 온 학생들은 타가수분의 위대한 원천이며, 여러 영역에서 수업을 듣고 다양한 아이디어를 공유한다. 그들은 본질적으로 아이디어를 공유하며 꽃에서 꽃으로 이동하는 벌들이다. 이러한 타가수분을 독려하고 강화할 방법들이 있다. 예를 들어 UC버클리는 '경계선을 넘나드는 곰(곰이 학교의 마스코트다)들'이라는 프로그램을 운영하는데, 학제적 프로젝트에 대해 상과 종잣돈의 형식으로 대학원생들에게 인센티브가 주어진다.

색서니언 교수는 혁신이 남들과의 상호작용을 요구하는 사회적 노력이라는 걸 확인했다. 이러한 상호작용은 남들 관찰하기, 조언 얻기, 직접적인 협력의 형태일 수 있다. 투입이 다양할수록 산출은 더욱 흥미롭고 혁신적이다. 가령, 이민자가 상당수 유입된 지역에서는 매력적인 퓨전 음식들을 내놓는다. 멋진 사례는 페루의 리마다. 남미 지역의 양념과 전통적인 스페인 요리가 중국, 이태리, 아프리카, 일본 요리법과 융합되어 새로운 요리법이 출현했다. 각국 이민자들은 리마에 정착하며 모국의 요리법과 지역의 요리법을 혼합했다.

이미 있는 것 위에 새로운 것을 기존의 아이디어와 발명 위에 새로 짓는 것은 혁신을 키우는 또 다른 방법이다. 사실, 예술가들에게 아이디어를 어디서 얻느냐고 물으면, 대개 자신의 작품의 기반이 된 앞선 사람들을 쭉 나열한다. 화가들은 다른 예술가들의 도구, 기법, 접근법에 의존한다. 음악가들은 자신이 들었던 다른 음악가들의 스타일 위에 짓는다. 작가들은 자신이 읽었던 문학작품에서 영향을 받는다. 그리고 발명가들은 다른 이들의 창조물에 자신의 아이디어를 더한다. 파블로 피카소가 남겼다는 말처럼, "좋은 예술가는 베끼고 위대한 예술가는 훔친다."

애플컴퓨터의 공동창립자이자 CEO인 스티브 잡스는 1994년 인터뷰에서 "창의성의 열쇠는 인간이 만들어낸 최고의 작품들에 자신을 노출시킨 뒤, 작품의 요소들을 당신이 하고 있는 일에 집어넣는 것이다"라고 말했다. 그리고 이어서, 오리지널 매킨토시 컴퓨터를 위대하게 만든 것은, 그걸 작업한 사람들이 음악가이고 시인이고 예술가이고 동물학자이고 역사학자이면서 우연찮게 세상에서 최고의 컴퓨터 과학자이기도 한 덕분이라고 했다.[6] 애플은 완전히 새로운 무언가를 창조하기 위해 다양한 영역의 지식에서 영감을 얻었던 것이다.

아이디어와 물건을 연결하는 과정은 창의성에만 중요한 게 아니다. 그것은 기분까지도 좋게 느껴지게 한다. '아하!' 하는 깨달음의 순간에 대단한 쾌락을 맛볼 수 있다. 이론에 따르면, 우리가 단편적인 것들을 서로 연결할 때마다 뇌에서 소량의 도파민이 분비된다고 한다.

농담에서 허를 찌르는 순간을 들을 때, 퍼즐을 완성할 때, 무작위적 정보들로 보이는 것에서 패턴을 발견할 때 말이다. 우리의 뇌가 패턴을 찾게 설계되어 있기 때문에 그럴 수밖에 없다.

: 많은 나라를 경유하는 출장의 이유 :
때론 목적지에서 벗어날 필요가 있다

아이디어를 연결하고 조합하는 것은, 다른 배경과 문화의 사람들이 한데 모일 때마다 유기적으로 발생한다. 일부 사람들은 이걸 잘 알고 있다. 그래서 그들의 사고를 휘젓고 새로운 아이디어 창출을 도와줄 이러한 유형

아이디어 자극

의 타가수분을 창조하기 위해, 그들은 길에서 벗어난다. 내가 비행기에서 만난 한 세일즈맨은 가능한 많은 곳을 경유하는 항공권을 산다고 말했다. 그의 목표는 목적지에 도착하는 것만이 아니라 그 과정에서 여러 사람들을 만나는 것이다. 그는 공항과 비행기가 각계각층, 각종 직업, 각종 능력과 관심사를 가진 사람들로 가득한 곳이라는 걸 안다. 그래서 여정에서 만나는 모두와 이야기하고 소중한 연결을 만든다.

불필요한 경유는 하지 않지만, 나는 여행 도중에 만나는 사람들과 대화를 나누는 걸 원칙으로 삼는다. 거의 항상 나는 내 인생에 적용할 수 있는 무언가를 배운다. 최근 하와이 출장에서 돌아오는 비행기에서 나는 패트릭 코놀리(Patrick Connolly)라는 남자를 만났다. 그는 샌프란시스코의 옵스큐라디지털(ObscuraDigital)의 창립자다. 구겐하임(Guggenheim)박물관과 트럼프타워의 외부를 비롯해 어떤 공간에서도 창조적인 비디오를 그려내 멀티미디어 쇼로 만드는 회사다. 그가 하는 작업은 창의성 수업에서 내가 가르칠 혁신 강화적 공간 디자인에 대한 주제와 직접적으로 관련 있었다.

나는 수업에 와서 그의 경험을 공유해달라고 간청했다. 패트릭은 기꺼이 그렇게 해주었다. 그는 2011년 세계에서 가장 멋진 사무실을 뽑는 대회에서 수상한 자사의 공간을 어떻게 디자인했는지 말해주었다.[7] 우리가 서로 대화를 나누며 공통 관심사를 발견하지 못했다면 그가 우리 수업에 참여하는 일은 결코 없었을 것이다.

트위터 같은 매우 혁신적인 회사는 타가수분이 그들의 비즈니스에서 창의성에 얼마나 중요한지 알고 있다. 그리고 사고의 다양성이 상품 개발에 영향을 준다는 걸 잘 알기 때문에 독특한 스킬의 소유자들을 고용하기 위해 애쓴다.

트위터에서 조직문화의 책임자로 있는 엘리자베스 웨일(Elizabeth Weil)에 따르면, 트위터의 직원들을 무작위로 추출하면 전직 록스타, 큐빅퍼즐 챔피언, 세계 정상급 사이클리스트, 프로마술사 출신이 나타난다. 그녀가 말하길, 트위터의 채용 관행은 모든 직원이 똑똑해지고 자신이 하는 일에 능력을 갖출 뿐만 아니라 관련 없는 활동에도 관심을 갖게 한다. 이것은 점심시간이나 엘리베이터 또는 복도에서 직원들 간의 무작위적 대화를 가능하게 한다. 공통 관심사가 드러나고 사람들 간의 연결망이 보다 촘촘하게 복잡해진다. 그리고 이런 우연찮은 대화가 종종 멋진 새로운 아이디어로 이어진다.

엘리자베스 자신이 아주 좋은 사례다. 그녀는 정상급 울트라마라톤 주자이자 프로 디자이너이며 이전에는 벤처 자본가였다. 비록 이러한 능력이 트위터에서의 업무에 필요한 건 아니지만 그녀가 창출하는 아이디어에 자연스레 영향을 준다. 그리고 그녀의 예술적 재능은 트위터에서 문화를 구축하는 방식에 크게 영향을 준다. 가령, 새로운 직원이 업무를 시작할 때마다 그녀는 아름다운 환영카드를 직접 디자인해 자신의 1923년산 앤티크 활판인쇄기로 인쇄한다.

: 답은 예상치 못한 곳에 있다 :
해수면 상승과 임산부 고혈압의 관계

자연스레 모이지 않은 아이디어들을 한데 연결하는 것은 또한 혁신적 과학 리서치의 특징이다. 이게 가능한 과학자들은 진정한 대변혁을 일으킨다. 미쉘 배리(Michele Barry)는 스탠퍼드대학교 세계보건학부의 학장이다. 그녀는 질병을 근절하기 위해 근본 원인을 알아내려고 노력하며 개발도상국에서 상당한 시간을 보낸다. 방글라데시에서, 그녀는 그 지역 임산부들에게서 위험한 정도로 고혈압의 비율이 높게 나오는 이유를 방글라데시 조사관들과 토론했지만, 딱히 명확한 대답은 찾지 못했다. 그녀와 동료들은 방글라데시의 해수면 상승과 질병의 관계를 찾으려 수많은 가설을 세웠다. 그중 가장 유력한 가설은 이것이다. 땅이 가라앉으면서 해수가 농경지에 침입하게 되고 그 결과 쌀의 소금 함유량이 높아진다. 이로 인해 임산부들이 소금을 더 많이 섭취하게 되면서 더 높은 고혈압으로 이어졌다는 것이다. 이는 서로 별개의 것으로 보이는 두 개의 중요한 이슈(글로벌 온난화와 대중건강)가 어떻게 상호교차하는지 보여주는 좋은 사례다.

과학적 리서치의 또 다른 사례는 서던 캘리포니아에서 라임병(진드기에 물려 전파되는 질환으로 관절이나 뇌가 손상되며 때로 사망하기도 함-옮긴이)을 조사하는 UC버클리의 로버트 레인(Robert Lane)과 게리 퀴스타드(Gary Quistad)다.[8] 일부 지역에서는 라임병 발병률이 매우 낮게 나타나는데 이것은 정말 미스터리였다. 해당 지역에 전반적으로 많은 진드기(이 질병의

58

병원매개체)들이 있지만, 일부 진드기들은 이 질병에 면역이 된 것처럼 보였다. 빤한 상식들을 넘어섬으로써, 레인과 퀴스타드는 결국 라임병이 적은 지역에는 더 많은 블루벨리도마뱀이 있다는 걸 깨달았다. 도마뱀들은 라임병에 자연적인 면역체계를 갖고 있었다. 그래서 이 도마뱀의 피를 빨아먹은 진드기의 몸속에서 라임병이 파괴되는 것이다. 즉 해당 지역에 많은 수의 도마뱀들이 있다면 이미 도마뱀을 물어 면역이 된 진드기에게 사람이 물릴 가능성이 많다.

이 놀랍고도 중요한 발견은 과학자들이 관련 없어 보이는 관찰과 패턴을 연결시키려는 의지와 능력을 가졌기 때문에 가능한 것이다. 이처럼 아이디어들은 어디서나 끌어낼 수 있으며 언제나 연결될 수 있다.

인큐브랩스의 창립자이자 이사회 의장인 미르 임란(Mir Imran)은 과학저술, 환자, 내과의사, 심지어 개인적 경험을 포함해 관련 없는 광범위한 원천들부터 얻은 통찰력을 조합함으로써 의학적 발명의 영감을 끌어냈다.

그는 2000년에 길랭-바레증후군(Guillain-Barre Syndrome, 이하 GBS)에 걸렸다. 신체의 면역체계가 말초신경계를 공격해서 근육 약화와 마비로 이어지는 병이다. 그는 사지마비 환자가 되어 수개월간 사지를 전혀 움직이지 못하다가 가까스로 회복했다. 그런데 8년 후 이번에는 그의 어머니가 난소암 진단을 받았다. 미르는 암 치료법을 개발할 의도가 없었지만 두 질병 간의 연결에 대한 생각을 멈출 수 없었다.

GBS에서 면역체계는 자신의 특정 세포를 공격한다. 미르는 신체가 자신의 암세포에 대한 면역 반응을 창조할 수 있지 않을까 생각했다. 그는 현재 다른 이들과 함께 새로운 암 치료법을 연구 중인데, 환자로부터 몇 개의 암세포를 제거한 뒤 맞춤형 병원체를 만들어 다시 주입해 암 환자 신체에서 면역 반응을 유발하는 방안도 포함된다. 일단 이런 퍼즐들을 한데 모으자 해결책이 분명하게 나타나기 시작했다. 조만간 우리는 이 관찰과 연결이 더욱 효과적인 암 치료로 이어질지 볼 수 있을 것이다.

: 은유와 유추 :
아이디어를 찾는 방향키

일상에서 아이디어를 찾는 좋은 방법은 은유와 유추를 사용하는 것이다. 어떤 것을 다른 것에 비유함으로써, 당신은 새로운 아이디어의 세상을 열어주는 멋진 병렬관계를 발견하게 될 것이다.

로리 맥도널드(Rory McDonald)는 어떻게 특정 산업의 기업들이 서로 영향을 주는지 연구하는 도중에 은유에서 영감을 끌어냈다. 네 명의 어린 자녀를 두고 있는 로리는 아이들이 병행놀이(parallel play, 같은 공간에서 비슷한 장난감을 갖고 각자 노는 것-옮긴이)를 할 때 서로에게 영향을 주는 것처럼, 기업들이 서로에게 영향을 준다는 아이디어를 살펴보기로 했다.

함께 놀 때, 아이들은 항상 적극적으로 상호작용하는 게 아니라 남들이 하는 걸 수동적으로 지켜보다가 그 아이디어들을 자신의 놀이 안으로 구현한다.

아이들이 블록을 갖고 노는 모습을 살펴보자. 한 아이가 성을 지으면 다른 아이도 성을 지을 가능성이 크다. 한 아이가 탑을 만들면 다른 아이들도 똑같이 할 것이다. 로리는 비즈니스 세계에서도 같은 유형의 행동을 연구하며 세분화시켜 탐구하고 있다. 이런 은유를 떠올리기 위해 로리는 관찰 스킬과, 아이디어를 연결하고 조합하는 날카로운 능력을 둘 다 사용했다.

은유와 유추는 강력하다. 상이한 방식으로 문제를 바라보게끔 이끌기 때문이다. 최근 연구에서, 레라 보로디츠스키(Lera Boroditsky)와 폴 티보도(Paul Thibodeau)는 도시 범죄를 표현하는데 어떤 은유를 사용하는지에 따라 전혀 다른 해결책이 나온다는걸 증명했다. 도시 범죄가 바이러스로 표현되면 해결책은 주로 법의 개정 같은 사회개혁을 둘러싸고 형성된다. 하지만 지역사회의 괴물로 표현된다면 해결책은 범죄에 개입된 개인들을 다루는 데 집중된다.[9] 따라서 당신은 특정한 문제에 대한 더 광범위한 해결책을 열기 위해 여러 다른 은유를 사용할 수 있다. 가령 범죄를 깨끗한 집에 자국을 낸 진흙 또는 원치 않는 화학반응으로 비유한다면 어떤 해결책이 나올지 생각해볼 수 있을 것이다.

의외의 사람들과 장소들과 물건들과 아이디어들을 연결하는 것은 당신의 상상력을 크게 높이고, 그것은 다시 당신의 혁신 엔진의 속도를 높인다. 당신은 도발적 은유를 사용하고, 당신이 속한 사교집단 외부의 사람들과 교류하고, 기존의 아이디어 위에 짓고, 의외의 장소에서 영감을 찾음으로써 이러한 스킬을 연습할 수 있다. 이런 접근법은 창조적 사고를 강화한다. 그리고 참신한 아이디어를 창출하는 멋진 도구다.

CHAPTER

3

브레인스토밍

회의, 제대로 하고 있습니까?

단순한 훈련을 시켰을 때 그 결과는 놀랍게도 나이와 문화에 상관없이 예측 가능하다. 그리고 그것은 매우 중요한 점을 드러낸다. 대다수 사람들은 해결책을 찾자마자 달려가는 함정에 빠진다. 심지어 그게 최선의 해결책이 아닌데도 말이다.

어떤 문제에 대한 첫 해결책이 언제나 최선의 해결책인 건 아니다. 사실, 훨씬 나은 해결책들이 발굴되기를 기다리고 있다.

문제에 직면할 때 맨 처음 찾은 해결책은 빤하다. 두 번째는 더 흥미롭다. 당신이 창출한 세 번째 아이디어는 훨씬 더 창조적일 것이다.

"다들 생일순으로 줄을 서세요. 1월 1일부터 12월 31일까지요. 서로 대화하진 마시고요."

내가 사람들로 가득한 교실에서 이런 간단한 지시를 내리면 다들 얼어붙는다. 그들의 얼굴 표정을 읽는 건 쉽다. 마치 "잠깐만요, 그건 불가능해요"라고 말하는 것 같다.

몇 초 후에 누군가가 일어나서 손가락 몇 개를 세우고는 자신이 그에 해당하는 달에 태어났음을 전달한다. 다들 미소를 짓더니 고개를 끄덕이며 암호를 풀었다고 자신한다. 그들은 새로운 수신호를 사용해 자신의 생일을 모두와 공유하며 천천히 방 안을 돌아다니다가 조용히 줄을 선다.

몇 분이 지난 뒤, 나는 앞으로 1분 남았다고 말해 약간 압박감을 더했다. 그들은 더 빨리 신호를 보내기 시작하더니 결국 카운트다운을 하는 동안

재깍 줄을 섰다. 제대로 섰는지 확인에 들어가자, 얼마나 많은 사람들이 엉뚱한 곳에 섰는지 발견하고는 다들 웃음을 터트렸다.

"어떻게 된 건가요?" 나는 물었다.

그들 가운데 누군가가 나서서 처음엔 불가능한 임무라고 생각했다고 재빨리 설명한다. 그러다가 한 사람이 허공에 손가락을 몇 개 들어 올려 수화를 사용하기 시작했을 때 모두 따라했다는 것이다.

"이 문제에 더 효과적인 다른 해결책이 있지 않을까요?" 내가 물었다.

몇 초 후, 누군가가 종이에 생일을 적을 수도 있었다고 제안했다. 나는 말하지 말라고 했지, 쓸 수 없다고는 하지 않았으니까.

사실, 이 임무를 달성할 수십 개의 방법이 있다. 날짜를 알리기 위해 손을 사용하는 것보다 더욱 효과적인 방법들 말이다. 앞서 말한 대로 종이에 생일을 적을 수도 있었다. 생일을 보여주기 위해 운전면허증을 꺼낼 수도 있었다. 누군가 의자 위로 뛰어올라 다른 이들에게 올바른 자리로 이동하게 지시하는 디렉터 역할을 할 수도 있었다. 바닥에 타임라인을 만들어 모두 자기 자리를 찾게 할 수도 있었다. 혹은 자기 생일을 노래로 부를 수도 있었다. 나는 대화를 하지 말라고 했지, 노래할 수 없다고는 하지 않았다. 그리고 물론 이런 접근법들의 조합도 사용 가능하다.

: 첫 번째 해결책의 함정 :

적어도 세 번은 질문하고 생각하라

이러한 단순한 훈련을 시켰을 때 그 결과는 놀랍게도 나이와 문화에 상관없이 예측 가능하다. 그리고 그것은 매우 중요한 점을 드러낸다. 즉 대다수 사람들은 해결책을 찾자마자 거기로 달려가는 함정에 빠진다. 심지어 그게 최선의 해결책이 아닌데도 말이다. 어떤 문제에 대한 첫 해결책이 언제나 최선의 해결책인 건 아니다.

사실, 훨씬 나은 해결책들이 발굴되기를 기다리고 있다. 그러나 불행히도 대다수 사람들은 발견하는 데 더 많은 노력이 드는 혁신적인 접근법을 떠올릴 기회를 상실한 채 맨 처음 찾은 해결책에 만족한다.

이런 현상은 팀 허슨(Tim Hurson)의 《성공을 원하는 리더와 일상에서 깨어나고 싶은 사람들에게(Think Better)》에서 표현된 '세 번씩 세 번 질문하기'의 개념에서 포착된다. 그의 메시지에 따르면 당신이 문제에 직면할 때 맨 처음 찾은 해결책은 빤하다. 두 번째는 더 흥미롭다. 당신이 창출한 세 번째 아이디어는 그전보다 훨씬 더 창조적일 것이다.[1]

나는 아이디어를 종종 파도에 비유한다. 계속해서 밀려오는 파도와 같기 때문이다. 당신은 한계를 시험하고 경계를 밀어붙이는 것들을 생각해내기 위해서 아이디어의 첫 번째와 두 번째 파도를 넘어서 이동하려는 일치단결된 노력을 들여야 한다.

그럼 실제로 어떻게 실천할 수 있을까? 이것은 아주 오래된 질문이며 수많은 방식으로 다루어졌다. 일부 접근법은 '발명적인 문제해결 이론' 즉 트리즈(TRIZ, 러시아어 약칭) 방법론처럼 매우 공식적이다. 트리즈는 원래 1950년대 소련 발명가 겐리히 알츠슐러(Genrich Altshuller)에 의해 개발된 것으로, 모순들을 파악하고 해결함으로써 발명적인 해결책을 찾는 알고리즘 접근법이다.

그는 자신의 40가지 발명원칙을 설명하는 《TRIZ 창의성은 과학이다 (Creativity as an Exact Science)》라는 책을 썼다.[2] 알츠슐러의 과학적 접근법 위에 다른 이들은 발명적 문제해결의 알고리즘이라는 보다 자세한 프로세스를 창출했는데, 복잡한 문제를 해결하는 85단계별 방법을 포함한다.[3] 본질적으로, 트리즈와 그 뒤를 이은 접근법들은 문제의 모든 매개변수들을 충돌하는 다른 매개변수들과 연관지어 살펴봄으로써 이상적인 해결책에 도달하는 데에 포커스를 둔다. 목표는 독특하고 창조적인 해결책을 창출하기 위해 이러한 모순들을 제거하는 것이다.

〈블룸버그비즈니스위크(Bloomberg Businessweek)〉의 기사에 따르면, 보잉, 휴렛패커드, IBM, 모토롤라, 레이시온(Raytheon), 제록스를 비롯한 유수 회사가 트리즈를 사용했다고 한다. 여기서 샘플 성공담을 소개한다. 성공적으로 트리즈를 적용해 혁신상품에 도달한 회사는 샌디에이고에 있는 온텍(OnTech)이다. 2004년 온텍은 수프, 커피, 차, 심지어 분유까지 담을 수 있는 1인용 자동발열용기를 출시했다. 이 기술을 라이선스한 브랜드 중에는 저명한 요리사 볼프강 픽(Wolfgang Puck)이 만든 미식가 커피 라인과 힐사이드(Hillside) 수프와 커피도 있다.

온텍의 상품 개발자들은 음료수와 스튜를 데울 수 있는, 튼튼하면서도 열을 창출하는 데 사용되는 화학반응을 견디고 따뜻하게 지속시키는 휴대용기를 고안하려고 애를 썼다. 그 과정에서 400개 이상의 기술적·공학적 딜레마에 직면했다. 상품 개발팀은 39개 문제의 트리즈 목록을 조사한 뒤 적용된 것들을 파악하고, 40개의 발명원칙 병행 목록에서 해결책을 골랐다.

그들은 첫 번째 목록에서 14번 온도를 고른 뒤, 두 번째 목록의 40번 '유연한 뚜껑과 얇은 막'뿐만 아니라 30번 '합성재 사용'을 적용했다. 트리즈의 믹스 앤드 매치 목록을 도약판으로 사용함으로써, 엔지니어들은 용기에 적합한 물질에 도달했다. 바로 내구성이 있고 열을 효과적으로 전도하는 세라믹과 탄소섬유 합성물이다. 프레스토(Presto)라는 신상품이 탄생한 순간이다.[4]

스펙트럼의 정반대편에는, 당신의 상상력을 발산하기 위해 당신의 정서와 교감하라고 독려하는 사람들이 있다. 앨리스테어 피(Alistair Fee)는 아일랜드 벨파스트의 퀸즈대학교(Queen's University)에서 중역들을 대상으로 워크숍을 하고 있다. 그는 시 쓰기를 통해 상상력을 키우게 한다. 처음에, 상당히 분석적인 참여자들은 망설인다. 그들의 정상적 운영 모드에서 아주 벗어나기 때문이다. 하지만 그게 바로 핵심이다! 글쓰기에 들어가자마자, 그들은 아이디어의 새로운 세상을 열며, 영감을 얻기 위해 자신의 정서를 들여다보는 데에 편안해한다. 그들은 새로운 방식으로 단어를 가지고 놀며, 첫 번째 올바른 대답을 넘어서는 능력을 곧 개발한다. 이런 스킬은 그들의 일상생활로 확산되어, 조직을 이끌고 관리하는 도전에 대한 대안적 방식을 생각해내는 데에 더욱 능숙해진다.

앨리스테어는 시와 더불어 음악을 사용해 학생들의 상상력을 발산하게 한다. 그는 학생들에게 자신에게 감동을 주는 음악을 고른 뒤 거기에 걸맞은 비디오를 만들라고 한다. 음악은 그들의 정서를 들여다보게 하는데, 그것은 그들의 상상력을 발산시킨다.

심지어 가장 과묵하고 자칭 '비창조적인' 사람들도 이런 임무가 주어질 때 상상력을 꽃피우며 혁신적인 결과를 내놓는다.

：브레인스토밍 따라잡기：
브레인스토밍의 11가지 규칙

이 같은 다양한 접근법이 증명하듯, 참신한 아이디어를 얻기 위해 빤한 대답을 넘어설 방법은 한 가지 이상이다. 일부 도구들은 매우 성공적인 것으로 증명되었다. 내가 가장 좋아하는 것은 브레인스토밍이다. 잘만 한다면 브레인스토밍은 즉각 떠오르는 첫 번째 아이디어를 뛰어넘는 훌륭한 도구가 될 수 있다. 브레인스토밍은 《응용된 상상력(Applied Imagination)》을 출간한 알렉스 F. 오즈번(Alex F. Osborn)에 의해 처음으로 널리 알려졌다. 그는 수십 년 동안 이 접근법을 사용한 후 책을 출간했다. 이 책에서는 브레인스토밍을 위한 일련의 규정들을 강조한다. 그의 접근법의 4가지 핵심 원칙은 판단 자제하기, 아이디어의 양에 중점 두기, 특이한 아이디어 독려하기, 아이디어 조합하기다.[5]

불행히도, 대다수 사람들은 브레인스토밍에서 최대 성과를 이끌어내지 못한다. 브레인스토밍이 일반적 대화와 어떻게 다른지 이해하지 못하기 때문이다. 그들은 방에 사람들을 잔뜩 데려다놓고 아이디어를 쏟아내게 하면 된다고 생각한다. 사실, 브레인스토밍은 매우 어렵다. 그리고 효과적인 가이드라인의 상당수는 반직관적이거나 자연스럽지 않다. 가령, 당신이 생각하기에 멍청한 아이디어를 누군가가 제시했을 때 판단을 유보하긴 정말 어렵다.

그리고 일단 실행가능한 해결책을 찾았다고 생각한 뒤에는 아이디어 창출을 계속하기 어렵다. 하지만 당신의 목표가 혁신적인 아이디어를 내놓는 것이라면, 판단 자제와 아이디어 창출 지속은 상당히 중요하다.

다음은 브레인스토밍 전·동안·후에 고려해야 할 가이드라인들인데, 톰 켈리의 《유쾌한 이노베이션》에서 영감을 얻었다.[6] 당신의 집단이 빤한 첫 번째 해결책을 넘어서 다양하고 흥미로운 수많은 아이디어를 내놓게 도울 수 있다. 물론 브레인스토밍에 올바른 한 가지 방법이 있는 건 아니다. 그래서 나는 여러분이 브레인스토밍을 잘하는 사람들과 대화를 나누고 자기 나름대로 변형시켜 실험을 해보길 권한다.

1. 브레인스토밍을 위한 공간 연출

브레인스토밍 공간은 어떻게 꾸며놔야 할까? 브레인스토밍은 댄스와 비숫하다. 따라서 댄싱처럼 매끄러운 브레인스토밍 프로세스를 독려하려면 적절한 공간이 필요하다.

게다가 브레인스토밍은 춤을 추는 것처럼 일어서서 해야 한다. 이 점을 사소하게 넘겨선 안 된다. 앉지 않고 서 있음으로써, 집단은 더욱 에너지가 넘치고 보다 개입하게 된다. 또한 사람들과 아이디어의 흐름에서 빠른 변화를 가능하게 한다. 또한 그 과정에서 모든 아이디어들을 포착할 공간이 필요하다. 가장 흔한 접근법은 화이트보드나 플립차트를 사용하는 것이다.

아이디어를 위한 공간이 크면 클수록 더 많은 아이디어를 얻게 된다는 걸 명심하라. 공간이 달리면 아이디어도 달리게 된다. 인쇄용지로 방의 벽을 모조리 덮어서 전체 공간을 집단의 아이디어 포착에 사용하는 것도 생각해볼 만하다. 창문을 메모지 부착판으로 사용할 수도 있다. 브레인스토밍을 마칠 무렵이면 창문마다 다채로운 종잇조각들이 뒤덮고 있을 것이다!

2. 누구를 참여시켜야 할까?

브레인스토밍 참여자들을 고르는 것은 아주 중요하다. 무작위로 몇몇 사람들을 모아 브레인스토밍에 집어넣는 것으로는 충분하지 않다. 누구를 방에 들일지에는 매우 신중해야 한다. 브레인스토밍에 초대된 사람들은 각기 다른 관점과 그 주제에 대한 전문지식을 가져야 한다. 그리고 이들이 브레인스토밍 끝 무렵에 최종 결정을 내릴 집단이 아니라는 걸 명심해야 한다. 이 점은 매우 중요하기에 다시 한 번 말하겠다. 즉 브레인스토밍에 참여한 사람들은 토의의 결실을 갖고 어떻게 할지 결정을 내리는 사람들이 아니다.

가령, 새로운 차를 디자인하려고 한다면 당신은 차에 대해 다른 관점과 지식을 가진 사람들을 포함시켜야 한다. 차를 만드는 엔지니어들, 차를 살 고객들, 차를 팔 영업사원들, 주차시킬 주차요원 등등. 이들은 차 디자인에 대해 최종 결정을 내리지는 않지만 그들의 관점과 아이디어들은 아주 소중하다. IDEO의 데니스 보일(Dennis Boyle)은 브레인스토밍에 초대받는 것은 큰 영예라고 말한다. 당신의 특정한 관점이 중요하다는 신호다. 브레인스토밍에 초대된 사람들에게 그 점을 반드시 전달하라.

집단의 크기 또한 쟁점이다. 많은 관점을 갖는 것과 모두가 참여하는 하나의 대화를 할 수 있게 하는 것 사이에는 늘 긴장이 있다. 수년 전에 나는 페이스북에 '피자 두 판 팀' 정책이 있다는 걸 들었다. 어느 팀도 피자 두 판을 먹을 수 있는 크기 이상으로 커서는 안 된다. 그래야만 최적의 의사소통과 협력이 가능하다는 것이다. 팀이 그보다 커지면 두 개로 나눠진다. 이것은 브레인스토밍의 중대한 가이드라인이다. 6~8명의 사람들(그리고 피자 두판)로 광범위한 관점을 제시하는 동시에 쉽게 교류할 수 있는 집단을 만들 수 있다.

3. 브레인스토밍의 주제

토픽의 프레이밍은 중대한 결정이다. 만일 질문을 너무 광범위하게 제기한다면(우리는 어떻게 기아를 해결할 수 있을까?), 어디서 시작해야 할지 알기 어렵다. 반대로 너무 좁게 잡는다면(아침으로 뭘 먹을까?), 아이디어가 너무 제한된다. 적절한 균형을 찾는 게 중요하다.

문제의 프레이밍에 대한 앞선 논의를 떠올려보자. 당신이 하는 질문이 해결책이 떨어질 프레임이다. 그러니 프레임이 집단의 상상력이 마음껏 발산될 여지를 남기며 적절한지 확인하라. 도발적이거나 놀라운 질문은 가장 많은 걸 생성해낸다.

가령 "마이크 생일파티를 위해 뭘 할까?"라고 묻는 대신에 "마이크를 위해 우리가 마련할 수 있는 가장 멋진 생일파티는 무엇일까?"라고 물을 수 있다. 질문을 하는 방식의 작은 변화가 대답의 톤과 범위를 대폭 변화 시킨다.

4. 그 밖에 구비해야 할 것들

토론을 자극하는 것들을 구비하는 것이 도움이 된다. 예를 들어, 새로운 펜 디자인에 대해 브레인스토밍한다면 각종 필기구가 있어야 한다. 뿐만 아니라 영감을 위해 상상력에 불을 지필 흥미로운 도구와 장난감도 있어야 한다. 그리고 당신은 종이와 펜을 모두에게 제공해야 한다. 모형을 만들어볼 재료를 주위에 두는 것 또한 크게 도움이 된다. 즉각적인 사례를 뚝딱 만들어보길 원할 수 있기 때문이다. 테이프, 가위, 카드보드, 고무밴드 등등. 많은 사람들은 '생각나는 대로 만들어본다.' 간단한 물질로 즉각적인 사례를 창조하는 행위는 실제로 사고 과정을 돕는다. 그리고 3차원 원형은 종종 2차원 그림이나 단어보다 훨씬 더 많은 걸 전달한다.

5. 어떻게 시작해야 할까?

브레인스토밍을 시작하는 게 언제나 쉬운 건 아니다. 사람들이 실행에 초점을 두는 일상 업무 모드에서 분명한 목적지가 없는 브레인스토밍 마인드세트로 기어를 전환해야 한다. 짧은 준비운동을 하는 건 전환에서 윤활유 역할을 한다. 진보적인 시를 함께 쓰는 것부터 단어게임인 매드립스(Mad Libs)를 하는 것까지 방법은 무수하다.

내가 가장 좋아하는 것은 모두에게 '기업가 정신(Entrepreneurship)'이라고 적힌 종이를 준 뒤 5분 동안 이 철자들을 사용해 가능한 한 많은 단어들을 만들어내는 것이다. 또 다른 방법으로는 "우리에게 귀가 없다면 어떻게 안경을 디자인할 것인가?" 같은 실없어 보이는 질문으로 시작하는 것이 있다.

이런 연습은 상상력을 반영해 실제 업무를 할 수 있도록 모두를 준비시킨다. 비록 처음에는 다소 어색하게 느껴져도, 브레인스토밍으로의 전환점을 알리며 상상력의 준비운동을 할 기회를 참여자들에게 주는 것이 중요하다. 마치 마라토너가 레이스 전에 준비운동을 하듯이 말이다.

6. 브레인스토밍의 규정은 무엇인가?

효과적인 브레인스토밍에 대한 진짜 규정이 있다. 가장 중요한 규정은 '나쁜 아이디어는 없다'는 것이다. 참여자들이 아이디어를 비판할 수 없게 한다는 의미다. 아이디어가 아무리 기이해도 당신은 그것을 기반으로 삼아야 한다. 열쇠는 창출된 모든 아이디어를 수용하고 한동안 그것들을 갖고 작업하는 것이다. 브레인스토밍은 고무적인 것이든 어리석인 것이든 간에 모든 가능성을 탐구하는 방식이다. 이것은 프로젝트의 '탐구' 단계로, 결정이 내려지고 자원이 헌신되는 '이용' 단계와 구분된다. 두 단계 간에는 분명한 벽이 있어야 한다. 그러니 너무 일찍 아이디어를 제거하는 함정에 빠져서는 안 된다. 이것은 대다수 사람들에게 가장 어려운 일이다. 그들은 아이디어가 창출될 때 평가해야 한다고 느낀다. 이것만으로도 브레인스토밍을 망칠 수 있다.

대담하고 황당한 아이디어들을 독려하는 것도 중요하다. 비록 기이해 보여도 내면에 숨겨진 보석이 있을 수 있다. 열쇠는 가능한 많은 아이디어를 창출하는 것이다. 가령 새로운 맛의 아이스크림을 500가지 생각해내는 것 같은 목표를 자신에게 주자. 일단 300가지를 생각해냈다면 이제 당신은 200개만 더 생각해내면 된다는 걸 안다. 가장 흥미롭고 놀라운 일부 아이디어들이 창출되는 순간이 바로 그때다. 브레인스토밍에서 창출된 아이디어 하나하나가 주목할 만한 무언가로 성장할 잠재력을 가진 씨앗이라는 걸 기억하는 것이 중요하다. 당신이 아이디어를 창출하지 못한다면, 즉 씨앗이 심어지지 않는다면, 아무리 많은 시간과 정성을 들여도 실속 있는 결과로 이어지지 않는다. 그리고 당신이 아이디어를 더 많이 가질수록 결과는 더 나아진다. 마치 씨앗처럼, 가장 전도유망한 걸 찾기 위해서는 많이 뿌려야 한다.

놀랍고도 과감한 아이디어를 얻는 한 가지 방법은, 바보 같거나 어리석어 보이는 아이디어를 독려하는 것이다. 전작《스무살에 알았더라면 좋았을 것들》에서, 나는 브레인스토밍 동안 최악의 아이디어를 내놓으라고 학생들에게 요청한 훈련을 설명했다. 이것은 팀이 최고의 아이디어에만 포커스를 둘 경우 결코 표면에 나타나지 않을 아이디어들을 발산시킨다. 사람들에게 안 좋은 아이디어를 창출하라고 요구하면, 그들은 판단을 자제하고 빤한 해결책을 넘어선다. 가장 황당한 아이디어는 가능성의 프레임을 통해 바라볼 때 종종 가장 흥미로운 아이디어로 전환된다.

7. 브레인스토밍 과정은?

제대로 된 공간, 사람들, 질문을 갖추고 모두에게 규정을 상기시킨 뒤에는 이 과정을 가능한 한 매끄럽게 만드는 것이 중요하다. 한 번에 하나의 대화를 진행해 모두가 참여하게 하라. 그 과정에서 당신은 참여자들이 다른 관점에서 문제를 보게끔 도전시켜야 한다. 한 가지 접근법은 가장 빤한 해결책을 가능성의 풀(pool)에서 제거해 다른 무언가를 떠올리게 하는 것이다. 이것은 도구상자에 있을 법한 도구 없이, 도전과 씨름하게 하는 것이다.

가령, 분주한 도시에서 쉽게 주차할 방법에 대해 브레인스토밍하고 있다면 나오기 십상인 대답은 주차공간의 증설이다. 그런 가능성을 제거한다면 덜 빤한 다른 대답들이 나타날 것이다.

브레인스토밍 동안, 당신은 팀이 그들의 가정을 넘어서게 도울 놀랍고도 도발적인 즉석 질문을 던져야 한다. 새로운 운동장에 대한 아이디어를 구상하고 있다면, 당신은 어떻게 달이나 물속에 운동장을 디자인할지 물어야 한다. 100년 후나 전이라면 어떻게 운동장을 디자인할 수 있을지를 물을 수도 있다. 또 사용자가 아이라면 혹은 장애인이라면 어떻게 디자인 할지를 물을 수도 있을 것이다. 1달러나 100만 달러로 어떻게 디자인이 달라질 수 있는지를 물을 수도 있다.

연구들에 따르면 현재 시공간에서 더 멀리 벗어날수록 물리적·정신적 으로 아이디어는 더욱 상상력이 풍부해진다. 그리고 즉석에서 이루어지 는 돌발적인 질문은 이 과정에서 사용할 수 있는 손쉬운 방법이다.

게다가, 다른 사람들의 아이디어 위에 짓는 것이 중요하다. 완벽한 브레 인스토밍에서는 토론에 리듬이 있어 마치 댄스처럼 느껴진다. 누군가가 아이디어를 내놓고 여러 사람들이 단기간에 그 위에 새로운 아이디어를 짓는다. 그리고 당신은 새로운 접근법으로 점프한다. '짓고, 짓고, 점프!' 라고 불리는 댄스다. 이 작업을 매끄럽게 하기 위해, 모든 아이디어들은 사업계획 같은 기다란 서술이 아니라 "달에 집을 짓자", "모두에게 빌딩의 열쇠를 주자"처럼 짧은 진술로 작성되어야 한다. 짧은 진술들은 각 아이 디어의 헤드라인인 셈이다.

8. 어떻게 아이디어를 포착할까?

모두에게 펜과 종이 또는 붙이는 메모지를 줘야 한다. 이건 부차적인 일 로 들릴지 몰라도 그렇지 않다. 한 사람만이 보드에 아이디어를 적는다면, 그 사람이 어떤 아이디어가 포착될지를 통제하게 된다. 모두가 아이디어 를 적을 수 있어야 단 한 사람이 아이디어의 흐름을 통제하고 무엇이 포착될지 통제하는 '펜의 전횡'을 피할 수 있다. 모두에게 펜과 종이가 있다면 대화가 잠시 멈출 때를 기다릴 필요 없이 실시간으로 그들의 아이디어를 쓰거나 그릴 수 있다. 말을 할 때 그들은 이미 자신들의 아이디어를 포착했을 것이다. 그래서 보드에 더 빨리 덧붙일 수 있다.

붙이는 메모지를 사용하면, 각자가 아이디어를 제기할 때 받아 적을 수 있고 적절할 때 보드에 올릴 수 있다. 또한 참여자들이 세부사항을 적는 데 너무 많은 시간을 소비하는 대신에, 각 아이디어를 요약하는 짧은 '헤드라인'을 쓰게끔 한다. 붙이는 메모지는 패턴이 출현함에 따라 비슷한 아이디어들을 재조직하고 분류할 수 있게 해준다. 그리고 다채로운 메모지가 커다란 화이트보드나 벽이나 창문에 붙여지면 유쾌하게 보인다. 이 모든 것들이 모여서 브레인스토밍의 창조적 정신이 된다.

당신의 모든 아이디어를 포착하는 또 다른 소중한 방식은 마인드맵핑을 사용하는 것이다. 이것은 본질적으로 아이디어를 모으는 비선형적 방식이다. 핵심 토픽으로 시작해 단어에 줄을 긋거나 관련된 정보를 담은 그림을 그리고, 더 작은 가지를 쳐서 세부사항을 덧붙인다.

새로운 미스터리 소설의 플롯에 대해 브레인스토밍하기 위해 마인드맵을 사용하고 있다고 가정해보자. 마인드맵의 한가운데에 제목을 놓고 캐릭터, 세팅, 스토리라인, 역사적 맥락 등의 텍스트나 이미지에 선을 그을 수 있다. 그리고 그것들 주위에 더 작은 가지를 그려 추가적 아이디어를 더할 수 있다.

온라인에서 마인드맵 이미지를 검색해보면, 당신이 영감을 얻는 데 사

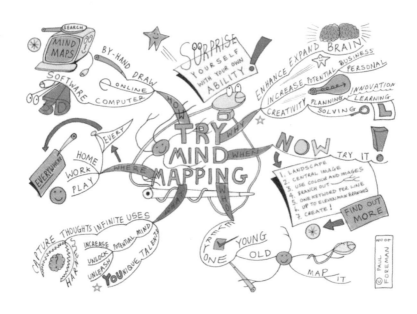

용할 수 있는 끝없는 배열을 볼 수 있을 것이다. 여기서는 마인드맵에 '누구'와 함께, '무엇을', '언제', '어디서', '왜'의 주된 나뭇가지를 그려 넣은 폴 포먼(Paul Foreman)의 샘플 마인드맵을 제시하겠다.

9. 브레인스토밍의 적정 시간은?

일반적으로 생산적인 브레인스토밍에 필요한 에너지를 1시간 이상 유지하는 것은 불가능하다. 브레인스토밍 시간에 명확한 한계가 있어야 한다는 의미다. 모든 참여자들이 서로 잘 알고 아이디어 창출로 재빨리 뛰어들 수 있다면 10분에서 15분의 짤막한 브레인스토밍도 효과가 있다. 그보다 더 긴 45분에서 60분이 최선의 결과를 내놓는다. 열쇠는 아이디어의 초기 파도를 넘어서게 할 정도로 길게 하는 것이다. 하지만 이렇게 긴 경우, 토론을 계속 신선하게 유지하고 모두 개입하게 하려면 그 과정에서 다양한 즉석 질문을 삽입해 더 작은 조각들로 나누어야 한다.

최고조에서 모두가 더 했으면 했을 때 멈추는 것이 좋다. 사실, 활발한 브레인스토밍보다 더 낫게 느껴지는 건 별로 없다. 다른 이들이 자신의 아이디어에 근거해 새로운 걸 지을 때 기운이 솟고 인정받은 기분이다. 끝날 무렵 방은 아이디어들로 가득해야 한다. 벽은 단어들과 그림들로 뒤덮이고 테이블에는 모형들이 있다. 추출 분석해야 할 자료들을 풍부하게 제공하며, 주제가 완전히 탐구된 것처럼 보이고 느껴져야 한다.

10. 브레인스토밍이 끝나면 무엇을 할까?

때때로 브레인스토밍의 끝은 프로세스의 가장 도전적인 부분이다. 앞서 말한 것처럼, 브레인스토밍에 참여한 사람들은 광범위한 관점을 대표하지만 어떤 아이디어를 실행할지 결정할 사람은 아니다. 참여자들은 자기가 가장 좋아하는 아이디어가 뽑히기를 바랄 것이다. 이에 대처하기 위해, 당신은 모든 참여자들에게 여러 범주에서 우선적인 선택을 할 기회를 줘야 한다. 각자에게 가장 큰 영향을 가진 아이디어 옆에 붉은 별, 내일 실시될 수 있는 아이디어 옆에는 파란 별, 가장 큰 인기를 끈 아이디어 옆에는 초록 별을 그려 넣게 하라. 이 과정은 의사결정자에게 다음에 무엇을 할지에 대한 유용한 투입을 주고 개입된 사람들 모두에게 의견을 표시할 기회를 제공한다.

　최종 단계는 발생한 모든 것을 포착하는 것이다. 모든 아이디어의 사진을 찍고, 최고의 아이디어를 적고, 저장될 수 있는 자료들을 모조리 저장하라. 브레인스토밍의 소중한 산물들이다. 프로젝트에 대한 결정을 내리는 책임자나 팀은 이런 거대한 아이디어의 총합을 추출 분석한 뒤 어떤 것을 추구해야 할지 선택한다. 이 자료들은 미래에 언제든지 다시 살펴볼 수 있다. 시간이 지난 뒤, 비실용적으로 보였던 일부 아이디어들은 전도유망한 비전이 될 수 있다.

11. 상상력을 꽃피우는 브레인스토밍

이 모든 것이 어떻게 작동하는지 보여주는 사례가 있다. 얼마 전에 우리는 미국 전역의 대학원생 엔지니어링 교육을 변혁시킬 임무를 담당할 센터인 에피센터(Epicenter, National center for engineering Pathways to Innovation)를 스탠퍼드대학교에 새로 열었다.[7] 계획 짜기부터 시작하기 위해 우리는 브레인스토밍을 했다. 나는 계획하는 데 미리 여러 시간을 보냈다. 적절한 준비운동을 생각해내고, 브레인스토밍을 프레이밍하기 위한 일련의 질문들을 만들고, 논의를 자극하기 위한 자료를 수집하고, 방을 꾸미고, 포함시킬 적절한 사람들을 파악했다.

　나는 여러 각도에서 도전에 다가서게 해주는 일련의 토픽들을 골랐다. "가장 큰 파급효과를 내기 위해 우리는 무엇을 할 수 있을까?"라는 넓은 질문으로 시작한다. 그 과정에서 "우리가 스물다섯 살이 아닌 쉰 살을 대상으로 한다면 어떻게 할까?", "우리에게 1,000만 달러 대신에 1억 달러가 있다면 어떨까?", "전혀 돈이 없다면?" 같은 질문을 던지며 수차례 포커스를 바꾸었다. 그리고는 10분마다 관련된 토픽을 전환했다. 사람들의 참여에 어떻게 보상할지, 우리가 성공한지 어떻게 알 수 있을지, 우리가 하고 있는 것을 반영할 물리적 공간을 어떻게 디자인할지, 우리 웹사이트에서 어떻게 자원을 공유할지에 대해 브레인스토밍 했다.

각각의 짧은 세션은 도전을 바라보는 새로운 방법을 제공하고, 새로운 아이디어의 불꽃을 지피며, 이전의 세션을 강화한다. 상당수 아이디어는 전용 제트기의 소유나 애완용 돼지를 마스코트로 하는 것처럼 극단적인 것이었다. 하지만 놀라울 정도로 흥미로운 아이디어도 많았다. 가령 우리의 새로운 공간의 벽들에 전국의 대학들과 실시간으로 연결된 컴퓨터 모니터들을 쭉 설치하고, 혁신자들이 언론에 어떤 식으로 그려지는지 보여주는 무비클립을 웹사이트에 게재하고, 기념품가게를 설치해 방문객들이 집으로 가져갈 유형적 도구를 제공하고, 여러 항구에 정박해 각 지역의 도전을 반영하는 프로젝트를 배에 탄 승객들에게 주는 '기업가 호(號)'를 개시하는 것이다. 끝날 무렵, 우리 사무실의 창문 벽은 수백 장의 다채로운 붙이는 메모지로 뒤덮였다.

브레인스토밍은 제대로만 한다면 가정에 도전할 상상력을 풀어내고, 빤한 대답을 넘어서 흥미롭고 독창적인 해결책에 도달하게 한다. 이것은 크고 작은 문제에 빠지지 않는 흥미로운 대답들을 찾는 멋진 방법이다. 또한 혁신을 이루어내고자 하는 이들에게 아주 중요한 기법이다. 더 많이 연습할수록, 당신의 브레인스토밍은 더욱 매끄러워진다. 그리고 당신과 당신의 팀은 더욱 다양하고 흥미로운 아이디어들을 창출하게 된다. 브레인스토밍 자체가 당신의 상상력을 표현하고 강화하는 열쇠다.

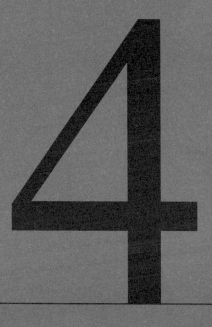

관찰

창의력에 필요한 소재 모으기

마술사가 6장의 카드를 내려놓고 당신에게 한 장을 고른 다음 그 정보를 혼자만 알고 있으라고 하면서, 당신이 고른 카드를 알아내려고 한다. 그는 카드 6장을 모두 들어 유심히 살핀다. 곧 카드 5장을 테이블에 내려놓더니 당신이 고른 카드는 사라졌을 거라고 말한다. 정말로 당신이 고른 카드가 없어졌다! 어떻게 안 걸까?

당신이 신중하게 주의를 기울인다면, 그가 테이블에 놓은 카드 5장이 모두 바뀌어 있음을 보게 될 것이다. 마술사는 당신이 고른 카드가 어떤 것인지 전혀 알 필요가 없다. 단지 당신이 한 장의 카드에 집중하는 동안에는 비슷비슷해 보이는 하트 킹과 다이아몬드 킹 또는 스페이드 퀸과 클럽 퀸의 차이를 알아차리지 못한다는 사실에 의지했을 뿐이다.

영국 하트퍼드셔대학교(Hertfordshire University)의 리처드 와이즈먼(Richard Wiseman)은 실험실에서 피험자들에게 신문을 주고는 거기에 실린 사진들을 전부 세라고 했다. 와이즈먼은 극도로 운이 좋거나 극도로 불운하다고 자처하는 사람들을 피험자로 뽑았다. 그는 인생이 행운으로 가득한 사람과 불운한 사람은 어떻게 세상을 다르게 보는지 알고자 했다. 어떤 일이 벌어졌을까?

이 실험에서, 불운한 사람들은 모든 사진을 세는 데 몇 분이 걸렸고 대개 부정확한 대답을 내놓았다. 정반대로 운 좋은 사람들은 대답을 찾는 데 단 몇 초가 걸렸고 모두 정확한 답변이었다.

왜 그런 걸까? 와이즈먼은 실험을 위해 특수한 신문을 설계했다. 신문의 앞면 2인치 높이에 다음과 같은 문구가 있다.

"세기를 멈추시오. 이 신문에는 총 43개의 사진이 있습니다."

두 집단은 요구받은 대로 사진들을 찾고 있었지만, 운이 좋은 사람들만이 이 메시지를 읽고 그에 따라 대답했다. 불운한 사람들은 주어진 임무인 사진 세기에만 초점을 두었다. 필요한 대답이 실린 지면의 커다란 글씨는 못 본 채 말이다.

보다 정밀하게 테스트하기 위해, 와이즈먼은 불운한 참가자들에게 성공을 노릴 수 있는 또 다른 기회를 주기로 했다. 즉 신문 중간을 가로질러 다음과 같은 두 번째 알림 문구를 크게 실었다.

"세는 걸 중단하시오. 실험자에게 이걸 봤다고 말하면 250파운드를 얻을 것이오."

그럼에도 돈을 달라고 주장한 사람은 단 한 명도 없었다.[1] 이 간단하고 명쾌한 실험은 사람마다 세상을 매우 다르게 본다는 걸 보여준다. 게다가, 주변의 정보를 무시함으로써 목표 달성을 도와줄 소중한 단서를 놓친다는 점을 멋지게 증명한다.

세상은 2인치 높이의 메시지들로 가득하다. 그걸 발견하느냐는 우리 각자에게 달려 있다.

: 당신은 인생의 '물'을 볼 수 있는가? :

당신이 속한 세상에 관심을 기울일 것

'디 스쿨'에서 나의 동료 마이클 배리(Michael Barry)와 앤 플레처(Anne Fletcher)는 니즈 발견에 대한 수업을 가르치는데, 특히 혁신의 기회를 파악할 예리한 관찰을 다룬다. 전체 수업은 학생들이 기민한 관찰자가 되게끔 하는 데 포커스를 둔다. 수업은 작고한 미국 소설가 데이비드 포스터 월리스(David Foster Wallace)의 멋진 이야기로 시작한다.[2]

> 젊은 물고기 두 마리가 나이든 물고기를 지나쳐 헤엄친다.
>
> 그들이 지나가자 나이든 물고기가 묻는다.
>
> "좋은 아침이야, 젊은이들. 물은 어떤가?"
>
> 두 마리의 젊은 물고기는 한동안 계속 나아갔다.
>
> 마침내 한 마리가 다른 물고기에게 물었다.
>
> "도대체 물이 뭐지?"

이 사랑스러운 우화가 주는 메시지는 우리가 인생에서 중요한 것들을 알아차리지 못하는 경우가 너무 잦다는 것이다. 우리는 말 그대로 '물'을 보지 못하고 있다. 마이클과 앤은 놀랍고도 소중한 기회들을 파악하려는 학생들에게 인생에서 '물'을 보는 법을 가르치는 데 10주를 보낸다.

나는 마이클 배리와 함께 최근 일주일 동안 대학원생들을 대상으로 디자인 사고에 관한 워크숍을 했다. 우리는 학생들에게 '데이트 경험'을 재디자인하라는 도전을 주었다. 마이클의 코칭으로, 그들은 전에 한 번도 알아차리지 못했던 광범위하고 흥미로운 문제들을 파악했다. 일에 바쁜 연인이나 지루해하는 연인과 진척이 없는 관계를 끝내고 싶어하는 사람들이 직면한 문제들을 발견한 것이다. 그들의 해결책은 새로 발견한 통찰력을 반영했다. 한 팀은 '데이팅 에이전트(Dating Agents)'를 생각해냈다. 늘 비슷한 데이트에 지겨워진 커플에게 재미난 여행을 소개해주는 것이다. 본질적으로는 연인들의 여행 에이전트다. 또 다른 팀은 미지근한 관계를 끝내게 도와줄 이별 도우미를 갖춘 '새출발 세트'를 고안했다. 학생들은 집중적인 관심으로 주위 세상을 보고, 새로운 기회를 찾고, 파악한 문제에 대한 독특한 해결책을 생각해내는 법을 배웠다. 관심을 기울임으로써 세상에 대한 지식을 획득하는 건, 무대가 어디든 아주 중요하다.

스티브 블랭크(Steve Blank)는 여러 회사를 창립한 기업가로 8개 회사의 창립 팀에 있었다. 많은 사람들은 스티브의 대담함을 칭찬한다. 하지만 그는 웃으며 이렇게 말한다.

"나는 용감한 게 아닙니다. 단지 관찰력이 아주 뛰어날 뿐이죠."

스티브가 발견한 바에 따르면, 더 많이 관찰할수록, 더 많은 데이터를 모을수록, 더 많은 패턴을 볼수록, 더 대담하게 행동할 수 있다. 스티브의 말처럼 "이건 대단한 아이디어다!"[3]

1988년 스티브는 회사용 그래픽보드를 만드는 슈퍼맥(SuperMac)이라는 회사에 마케팅 책임자로 영입되었다. 당시 사업체는 파산에서 간신히 벗어난 상태였다. 회사의 시장 점유율은 고작 10퍼센트였다. 업계의 다른 두 선도적인 업체보다 한참 아래였다. 스티브 표현을 빌리면 "3명이 참가한 업계에서 20등 정도의 성적이었다."

들어온 지 얼마 안 되어, 그는 고객들이 보내온 15,000통의 상품등록 카드 더미가 휴게실 구석에 아무렇게나 쌓여 있는 걸 발견했다. 동료들에게 물어봤더니 수년째 계속 쌓여 있다는 답변이 돌아왔다. 다들 계획을 실행하느라 바빠서 이 의미 없어 보이는 종이를 살펴보지 못했다. 직접 카드 더미를 뒤지던 그는 곧 그것이 정보의 금광이라는 걸 깨달았다.

스티브는 가장 최근에 받은 카드들 가운데 무작위로 300개를 뽑아 직접 고객들에게 전화를 걸기 시작했다. 그는 어떤 비즈니스에 종사하는지, 어떤 식으로 그래픽카드를 사용하는지, 가장 중시하는 특질이 무엇인지, 어떻게 개선될 수 있을지, 그러면 얼마를 지불할 의향이 있는지 물었다. 그는 각 전화에서 많은 걸 배웠다. 총체적 정보 덕분에 그는 먹힐 거라는 커다란 자신감을 갖고 상품 포지셔닝과 가격 책정에서 결단력 있는 선택을 내릴 수 있었다.

단시간에 스티브는 상품 라인의 홍보와 광고를 점검하고 가격을 올렸다. 그 결과, 회사의 시장 점유율은 10퍼센트에서 70퍼센트로 늘어났다. 남들이 무시했던 작은 종잇조각에 관심을 가지지 않았다면 불가능했을 것이다. 그가 무슨 일을 한 건지 이해하지 못한 사람들의 눈에는, 스티브가 두려움이 없는 듯 보였을 것이다. 하지만 그는 실제로 창의성을 성장시키는 중요한 도구, 즉 관심 갖기를 사용한 것이다.

또 다른 주목할 만한 사례는 클라이밋 코퍼레이션(Climate Corporation)의 창립자인 데이비드 프라이드버그(David Friedberg)다.[4] 구글에서 일하는 동안, 그는 자가용으로 출퇴근할 때마다 작은 자전거 대여점을 매일 지나쳤다. 시간이 흐르면서 그는 한 가지 패턴을 알아차렸다. 비가 오는 날은 대여점의 장사가 잘 되지 않는다는 것이다. 이 관찰은 농부들과 극장들과 스키리조트를 포함해 날씨에 영향을 받는 사업이 수백만 개라는 통찰력으로 이어졌다.

그는 구글을 떠나, 날씨와 관련된 손해로부터 사업을 보호해주는 보험회사를 차리기로 했다. 데이비드가 출퇴근하는 동안 차창 밖의 세상에 주의 깊게 관심을 기울이지 않았다면 이런 아이디어를 생각해내지 못했을 것이다.

: 추측하지 않고 관찰하는 습관 :
인간은 자신이 예상한 것들을 경험한다

어린 시절에는 세상이 어떻게 돌아가는지 알아내기 위해, 자연스레 호기심 어린 눈으로 뚫어져라 주변을 관찰한다. 문제는 나이를 먹으면서 상당수가 호기심을 갖고 관찰하는 행동에 무뎌진다는 것이다. 우리는 세상을 이해하고 있다고 생각하고, 잘 알고 있는 패턴을 찾는다.

팜컴퓨팅(Palm Computing), 핸드스프링(Handspring), 뉴멘타(Numenta)의 창

립자 제프 호킨스(Jeff Hawkins)는 저서 《생각하는 뇌, 생각하는 기계(On Intelligence)》에서 뇌가 패턴 인식 기계라고 묘사했다. 뇌는 생각과 관찰에서의 갭을 거기에 있어야 한다고 추측되는 것들로 끊임없이 채워 넣는다.[5] 그렇게 우리는 무엇을 경험할지 예측하는 데 능숙해진다. 그러고는 우리가 예상한 것들을 경험한다.

예상한 것 너머로 우리의 관심을 집중시키려면 상당한 노력이 필요하다. 우리에게 익숙한 것들을 다룰 때는 특히 그렇다. 익숙한 길로 운전하거나 걷는 식의 반복적 활동을 할 때 우리는 말 그대로 신경을 끈다. 또한 주위를 더 널리 둘러보기보다는 눈높이에 있는 것들에 주로 포커스를 둔다. 게다가, 우리는 찾고자하는 것에만 관심을 두고 거기에 맞지 않는 것들은 무시한다.

최근에 나는 한 지역 상점에서 줄을 서는 동안 우연히 천장 위를 쳐다보게 되었다. 그 가게에 수천 번 왔었던 나는 소와 닭들과 건초더미의 농장 풍경이 높다란 천장의 가장자리를 빙 둘러 장식되어 있는 걸 깨닫고는 깜짝 놀랐다. 나는 계산대 직원에게 내부 장식을 새로 했냐고 물어봤다. 그는 웃으며 가게를 오픈할 때부터 있었다고 말했다. 나는 앞서 말한 세 가지 함정 모두에 빠진 셈이다.

불행히도, 나는 아들 조시가 받은 트레이닝을 경험하지 못했다. 내 아버지는 조시와 조시의 사촌인 아담과 노아가 자랄 때 그들과 게임을 했다. 주변 환경에 세심한 주의를 기울이는 법을 가르치기 위해서다. 새로운 곳에 있게 될 때마다 아버지는 그 아이들에게 눈을 감으라고 하고는 방의 세부사항에 대해 퀴즈를 냈다. 가령 창문이 몇 개인지, 문이 몇 개인지, 천장에 전등이 몇 개인지 질문한다. 아이들은 이 게임을 아주 좋아했다. 그리고 할아버지의 즉석 퀴즈에 대비하려면 상당한 관찰력을 발휘해야 한다는 걸 배웠다

마술사들과 환영술사들은, 우리가 환경을 잘 알고 있다고 생각하고 또 주위에서 일어나는 모든 일에 신중하게 주의를 기울인다고 믿고 있다는 걸 안다. 하지만 실상은 전혀 그렇지 않다. 그들은 재미있는 이야기, 농담, 심지어 방 안의 누군가를 가리키는 것 같은 일들이 우리의 주의를 흩트린다는 걸 안다. 즉 우리 앞에서 벌어지는 일을 제대로 보지 못하게 한다.

대다수 마술 속임수는 손으로 술수를 부릴 때 우리의 주의를 분산시키는 마술사의 능력에 의존한다. 예를 들어 마술사는 6장의 카드를 내려놓고 당신에게 한 장을 고르라고 한다. 하지만 집지는 말라고 한다. 그 다음, 그 카드를 외우고 그 정보를 혼자만 알고 있으라고 하면서, 당신이 고른 카드를 알아내기 위해 당신의 마음을 읽을 거라고 말할 것이다. 그는 카드 6장을 모두 들어 유심히 살핀다. 그리고는 카드 5장을 테이블에 내려놓더니 당신이 고른 카드는 사라졌을 거라고 말한다. 그 말이 맞다. 당신이 고른 카드가 없어졌다! 어떻게 안 걸까?

당신이 정말로 신중하게 주의를 기울인다면, 그가 테이블에 놓은 카드 5장이 모두 바뀌어 있음을 보게 될 것이다. 마술사는 당신이 고른 카드가 어떤 것인지 전혀 알 필요가 없다. 단지 당신이 한 장의 카드에 포커스를 두는 동안에, 비슷비슷해 보이는 하트 킹과 다이아몬드 킹 또는 주의 깊

게 관심을 기울이지 않으면 스페이드 퀸과 클럽 퀸의 차이를 알아차리지 못한다는 사실에 의지했을 뿐이다. 마술사들은 물체를 사라지게 하거나 사람을 반으로 자르거나 모자에서 토끼를 꺼낼 때, 우리의 집중 부족과 주의 산만을 전면적으로 이용한다.

반대로, 익살꾼들은 우리가 대개 무시하는 주변의 것들에 우리의 관심을 집중시킨다. 주차, 양치질, 줄서기 같은 사소해 보이는 행위에 우리의 주의를 집중시킴으로써, 우리는 일상적으로 무시하던 행동과 물건을 알아차리게 된다. 이런 활동들은 집중적으로 자세히 바라보면 아주 우스워진다.

유명한 코미디언 제리 세인펠드는 아무것도 아닌 것에 대해 얘기하는 걸로 유명하다. 그의 유머 주제가 웃긴 것은, 일상에서 우리의 주의를 끌지 못하는 것에 포커스를 두기 때문이다. 일상생활에서 우리가 제대로 보지 못하는 사소한 것들 말이다. 여기서 간단한 사례를 제시하겠다.

나는 대기실에 있는 게 싫다. 대기실이라고 불리기 때문이다. 도무지 기다리지 않을 방도가 없다. 기다리기 위해 설계되고, 지어지고, 의도되었다. 왜 이런 방을 만들어놓고 곧장 이리로 데려오는 걸까? 당신은 작은 잡지를 들고 거기에 앉아 있다. 당신은 읽는 척하지만 사실은 다른 사람들을 보고 있다.

"저 사람은 차례가 됐나 보다."

마침내 당신 이름이 불린다. 당신은 이제 곧 의사를 보겠구나, 생각하겠지만 사실 그렇지 않다. 더 작은 옆방의 대기실로 간다. 심지어 여긴 잡지도 없고 바지도 벗어야 한다.[6]

: 스탠퍼드 사파리 관찰 수업 :
관찰은 아주 자극적인 경험

관찰에는 상당한 노력이 들어간다. 하지만 연습하면 당신은 효과적으로 관찰력을 늘리고 그 결과 창의성도 늘릴 수 있다. 주목할 만한 사례는 매년 12월에 오듀본소사이어티(Audubon Society)가 개최하는 크리스마스 새 세기 대회다. 지난 100년 동안 계속된 이 행사는 24시간 동안 새들의 개체를 조사하는 것이다. 수를 세는 각 관찰구역은 지름 15마일인데, 다 합하면 남극에서 북극까지 아메리카 대륙을 덮을 만큼이다. 이 프로젝트는 슬프게도 매년 새를 가장 많이 사냥해 죽인 사냥꾼에게 상을 주는 크리스마스 '사이드헌트'에 대한 대응으로 1900년에 시작되었다. 새롭게 형성 중인 오듀본소사이어티들을 비롯해 자연보호 단체들은 줄어드는 조류 개체군을 걱정하며 매년 전국에서 조류 개체군 조사로 맞서기로 했다.

첫해에는 25개 지역에서 27명의 참여자들이 90종의 새를 셌다. 110년이 지난 2010년에는 2,200여 곳에서 61,000명의 관찰자가 참여해, 미국에서의 640종을 포함해서 거의 2,250종이 파악되었다. 일부 사람들은 새를 관찰하고 파악하기 위해 거친 날씨와 겨울바람을 감내하며 장거리 여행을 가기도 한다. 반면에 다른 이들은 주방 창문 밖의 새 모이통을 관찰한다. 열쇠는 하루 날을 잡아 집중적으로 관심을 갖고, 자신이 발견한 결과를 최종 합산하는 사람에게 제출하는 것이다.

오듀본소사이어티의 전국 리더인 린 테네포스(Lynn Tennefoss)는 새 세기 연례행사에 참여한 사람들은 기민한 관찰자가 되는 법을 배운다고 말했다. 일단 집중적인 관찰 기술을 연습하고 자기 지역에서 새를 찾아내는 데 능숙해지면, 그들은 주위 세상에 기민해진다고 한다. 그들은 일상 환경에서 전에는 알아차리지 못했던 새들을 알아차리기 시작한다. 그리고 일반적으로 더 잘 관찰하게 된다.

과학자들과 각종 예술가들은 세상을 주목하고 무언가를 알아차리는 이들이다. 그들은 주의를 기울이고, 우리에게 그들이 보고 경험한 것을 소통하게끔 훈련된 사람들이다. 가령, 자연 선택에 의한 진화라는 아이디어를 낸 찰스 다윈은, 1831년부터 1861년까지 비글호(HMS Beagle)를 타고 9년 동안 여행을 하면서 주의를 기울이는 능력을 연마했다. 영국에 돌아오자마자 그는 갈라파고스 제도에서 가져온 모든 표본과 그림들을 연구했다. 되새류의 부리와 거북껍질 형태 간의 작은 차이는 그의 도발적인 이론들의 증거가 되었다. 이것은 관찰의 힘을 뚜렷하게 상기시킨다.

다윈에게 영감을 받은 밥 시겔(Bob Siegel)은 스탠퍼드대학교 2학년생을 대상으로 한 수업에서 관찰의 힘을 연마하는 법을 가르치기로 했다. 바로 '스탠퍼드 사파리: 자기 뒷마당에서의 현장 관찰'이라고 불리는 수업이다. 밥은 미생물학과 면역학 학부에서 수상 경력이 있는 교수로 아프리카학센터에서 가르친다. 그리고 파푸아뉴기니나 마다가스카르 같은 먼 곳으로의 원정을 이끌곤 한다. 스탠퍼드 사파리는 대다수 사람들이 늘 보던 환경에서 알아차리지 못하고 그냥 지나치는 것들을 제대로 보기 위한 수업이다.

날마다 학생들은 현장일지에 캠퍼스에 대한 관찰을 기록해야 한다. 그들은 스탠퍼드대학교의 역대 총장 네 명과 의학대학원, 법학대학원, 경영대학원, 입학과, 종교생활과의 책임자를 포함해 다양한 범주의 사람들을 만났다. 타이틀에 '대학'이 들어가는 사람은 모두 만나려고 했다. 대학 옴부즈맨, 기록보관자, 고고학자, 오르간 연주자, 상담원, 건축가, 원예가, 사서와 심지어 해충 박멸자까지도. 각자는 대학교에 대한 독특한 관점을 제공했다.

그들은 캠퍼스에서 유명한 곳과 알려지지 않은 곳을 방문한다. 그리고 그들의 관찰을 사진으로 남겨 수업 웹사이트에 올린다. 게다가, 스탠퍼드 사파리에서 날마다 학생들은 다른 구내 식당에서 밥을 먹는다. 이건 아주 평범해보인다. 하지만 이 단순한 행동은 캠퍼스에 30개 이상의 다른 옵션들이 있는데도 날마다 같은 카페에서 먹는 것처럼 판에 박힌 생활을 한다는 걸 학생들에게 상기시킨다. 그들은 스탠퍼드대학교에 대해 많은 것들을 배웠다. 이런 강렬한 경험에서 가장 두드러진 것은, 눈을 크게 뜨고 관심을 기울이고 많은 질문을 던짐으로써 구석구석에서 많은 것들을 배우게 된다는 것이다.

관찰은 아주 적극적인 경험이다. 당신의 모든 감각을 집중시키고 당신의 환경에 적극적으로 개입하는 걸 포함한다. 단어, 그림, 사진, 녹화로 당신의 발견을 포착해야 한다. 사실, 밥 시겔의 목에는 거의 언제나 한두 대의 커다란 카메라가 걸려 있다. 그는 항상 세상을 세세하고 깊이 있게 관찰하도록 도와줄 사진을 찍는다. 자신의 경험을 포착함으로써, 그는 주의

를 기울이지 않고 있으면서도 그렇다고 생각하는 우리들보다 훨씬 더 많은 걸 본다.[7]

　나는 또한 학생들에게 관찰 스킬을 연습하고 관찰력을 강화시킬 기회를 주었다. 그들이 수차례 방문했던 장소로 가서 참신한 눈으로 주변을 바라보라는 도전을 내주는 것이다. 우리는 지역 쇼핑센터에서 만났다. 학생 팀들은 몇몇 상점을 방문해 주의 깊게 관찰하며 최소한 2시간을 보냈다. 그들이 대답해야 하는 질문의 샘플을 일부 제시하겠다.

| 들어가기 전 |

- 상점의 창문 안에는 무엇이 있나?

- 상점에 들어가고 싶은 느낌이 드나? 그렇다면, 어떤 식으로?

- 상점으로 들어가는 문은 열려 있나, 닫혀 있나?

- 상점 이름의 글자는 얼마나 크고 서체는 어떤가?

| 환경 |

- 상점의 색깔 도식은 어떤가? 그리고 당신에게 어떤 영향을 주는가?

- 상점의 바닥은 어떤 유형인가? 색깔은?

- 천장은 얼마나 높은가? 어떻게 느껴지는가?

- 상점은 얼마나 밝은가? 당신에게 어떤 영향을 주는가?

- 상점 안의 소리는 얼마나 큰가? 소음을 유발하는 것은 무엇인가?

- 음악은 나오나? 그렇다면 음악이 환경을 어떻게 바꾸는가?

- 상점은 따뜻한가, 아니면 시원한가? 온도는 어떤 영향을 주는가?
- 상점은 상품으로 가득한가, 아니면 많이 비어 있나?
- 상점은 잘 정돈돼 있나, 아니면 산만한가?
- 상점만의 고유한 냄새가 있나?
- 계산대는 어디에 있나?
- 상점 보안은 어느 정도로 눈에 띄는가?

| 인력 |

- 판매원이 고객과 접촉하기까지 얼마나 오래 걸리나?
- 판매원에게는 각 고객에게 준수해야 할 지침이 있나?
- 판매원 대 고객의 비율은?
- 직원들의 성별과 나이는?
- 판매원은 유니폼을 착용한 것처럼 보이나?

| 상품 |

- 상품들을 진열해둔 중앙 진열대가 있나?
- 할인품목들은 어디에 놓여 있나?
- 상품들은 어떻게 배열돼 있나?
- 어떤 상품들이 눈높이에 있나?
- 상점에서 어떤 품목들이 가장 접근하기 어려운가?
- 가장 비싼 상품과 싼 상품은 어디에 있나?

- 상품의 가격은 찾기 쉽나?
- 계산대 근처에 충동품(impulse item)이 있나?

고객

- 고객들의 평균 나이는?
- 고객들이 평균적으로 상점에 얼마나 오래 있나?
- 대다수 고객들은 구매 목적을 갖고 오는 것 같나, 아니면 단지 둘러보는 건가?
- 물건을 구매하는 고객들의 비율은?
- 장애인 고객들도 쉽게 접근할 수 있나?

예리한 관찰을 하는 것만으로는 충분하지 않다. 당신은 경험을 파악하고 보존하는 방법을 찾아야 한다. 예술가들은 끝없이 관찰하고 경험한 것들을 그림, 사진, 춤 동작, 단어로 구체화한다. 예술과 음악 수업이 중요한 이유들 가운데 하나다. 예술에 대해 배우는 것은 그림을 그리거나 사진을 찍거나 조각을 만드는 법을 배우는 것 이상이다. 세세하게 관심을 갖고 세상을 관찰하는 법과 이 관찰을 내면화하고 선택한 매개체로 표현하는 법에 관한 것이다.

각종 예술가들은 이런 접근법을 사용해 관찰과 아이디어를 수집하고 보관한다. 유명한 안무가이자 무용수인 트와일라 타프(Twyla Tharp)가 저서 《창조적 습관(The Creative Habit)》에서 자세히 밝힌 바에 따르면, 그녀는 종이쪽지에 관찰과 아이디어를 적어두고 프로젝트별로 박스에 모아

넣는다고 한다. 그리고 영감을 얻고자 할 때 박스 안의 자료를 이용한다. 그녀의 말을 들어보자.

나는 박스로 모든 댄스를 시작한다. 나는 박스에 프로젝트명을 적어놓는다. 그리고 하나씩 진전될 때마다 댄스를 만드는 데에 도움이 될 물품들로 채워 넣는다. 수첩들, 오려낸 신문기사들, CD들, 스튜디오에서 혼자 일하는 내 모습을 찍은 비디오들, 리허설하는 무용수들의 비디오, 내게 영감을 주었던 책들과 사진들과 예술작품 등등. 박스는 각 프로젝트에 대한 적극적인 리서치의 기록보관소다. 내가 여태 했던 프로젝트마다 별개의 박스들이 있다. 내가 생각하고 일하는 방식을 슬쩍 엿보고 싶다면 내 박스를 살펴보는 것이 좋을 것이다. 박스는 내게 정돈된 느낌을 준다. 내가 어디로 갈지 모를 때조차도 균형 잡히게 행동하도록 만든다. 그건 또한 전념하고 있다는 걸 나타낸다. 박스에 프로젝트명을 써넣는 단순한 행동이 내가 일하기 시작했다는 의미니까.[8]

: IDEO의 잠재력 원천 :
창의성을 위한 기본기에 충실하다

집중적인 관찰과 주변에서 벌어지는 일을 제대로 보려는 노력은 IDEO 같은 회사에서 성공적인 상품을 디자인할 수 있는 중요한 열쇠다. IDEO 는 복잡한 도전에 혁신적인 해결책을 내놓기로 유명하다. IDEO의 파트너인 데니스 보일(Dennis Boyle)의 얘기를 들어보자. 수년 전에 그들은 적십자에 고용되어 더 자주 헌혈하도록 장려하게끔 수혈의 경험을 재디자인하라는 임무를 맡았다. 빤한 해결책은 헌혈 과정을 통해 사람들의 흐름을 살펴보고, 헌혈의 집의 테이블과 의자들과 장비를 재디자인하는 일일 것이다. IDEO는 헌혈자들에게 일관된 경험을 제공해 더욱 편안하게 느끼도록 만듦으로써, 그리고 서로 잘 맞는 맞춤형 장비를 만듦으로써, 이러한 논의들을 다루었다. 그러나 IDEO의 디자인 팀은 여기에서 멈추지 않았다. 그들은 이용자 경험의 모든 측면을 계속 관찰했다. 그리고 헌혈하는 사람들과 대화를 나누고 세부사항에 주의 깊게 관심을 가짐으로써, 헌혈 동기에 대한 예기치 못한 통찰력을 얻었다. 각자 헌혈하는 이유에 대한 감동적인 이야기를 갖고 있는 게 분명해졌다. 그들과 대화를 하지 않는 사람들에게는 보이지 않는 이 개인적 일화들은 헌혈 경험의 중요한 일부였다.

디자이너들은 헌혈한 사람의 사진을 찍고 '헌혈하는 이유'라는 제목으로 짧은 이야기를 쓰라고 함으로써 그들의 정서를 포착했다. 그리고 이 이야기들은 헌혈의 집에 전시되었다. 이런 중요한 혁신은 헌혈을 하는 개인적 이유를 자세히 밝히고 남들도 헌혈하도록 장려했다. 이제 여러분이 적십자 웹사이트에 방문하면, 홈페이지에서 헌혈하는 이유에 대한 짧은 이야기를 담은 기증자의 커다란 사진을 볼 수 있다. 그리고 거의 100여 개의 이야기 링크도 걸려 있다. 이러한 통찰력과 기회는 통상적으로 시계(視界) 외부에 있는 것들에 주의 깊게 관심을 두지 않았더라면 발견되지 않았을 것이다.

모든 영역에서 위대한 혁신가들은 이런 집중적인 관심을 기회를 파악하고 문제를 해결하는 데 사용한다. 앞선 언급한 미르 임란은 예리한 관찰을 사용해 중요한 의학적 대변혁의 기회를 파악한 혁신가다. 그는 정확한 포커스와 세세한 관찰이 없었다면 수십 개의 의학적 발명을 구상하고 개발하지 못했을 거라고 인정한다. 이런 발명은 화학, 생물학, 심리학, 전자공학, 상품 디자인을 비롯한 수많은 분야의 지식을 사용해, 두통에서 심장병까지 그리고 천식에서 알츠하이머병까지 엄청난 범위의 질병들을 치료하고 있다.

임란은 통찰력을 얻기 위해 거대한 양의 리서치 저널을 읽고 분석하고 이용한다. 하지만 그는 그 어떤 것도 믿지 않는다. 읽은 것에 의구심을 가지고 비일관성뿐만 아니라 패턴을 찾는다. 그는 작은 조각과 커다란 그림 사이를 오가며, 작은 퍼즐 조각들이 어디서 맞춰지는지 알아내고 어디에 구멍이 있는지 알아낸다. 이것은 결정적으로 중요하다. 의미 있는 관찰을 하려면 관찰의 스케일을 근거리에서 먼 거리로 옮기고 다시 반대로 바꾸어야 한다. 그래야 가까이에서 보든지 먼 거리에서 보든지 패턴이 분명해진다.

의학계에 대한 심층탐구의 결과로, 미르 임란은 심장박동이 불규칙적인 상태의 심방세동(AF)을 치료하는 최신 방법을 창조했다. 심방세동은 종종 심실에 피가 모이는 결과로 이어지는데 이것은 작은 덩어리가 될 수 있다. 이 덩어리가 떨어져나가 뇌로 흘러 작은 혈관에 들러붙으면 뇌출혈을 일으킬 수 있다. 이것은 매우 위험해서 대다수 심방세동 환자들은 불규칙한 심장박동을 멈추기 위한 약물을 치료받는다. 하지만 1990년대 초반 심장학자들은 심방세동을 없앨 새로운 치료법을 시작했다. 심방에 절개를 하거나 화상을 입혀, 심장에서 섬유성 연축을 일으키는 전류를 차단한다. 이런 수술은 심방세동을 멈추는 데 한몫하기 때문에 '표준치료'가 되었다. 미르에 따르면 10만 건 이상의 수술이 매년 미국에서 행해진다. 그리고 심장조직을 제거하는 여러 유형의 도구들을 만들기 위해 많은 회사들이 세워졌다.

미르는 다른 렌즈로 데이터를 쳐다보기로 결정했다. 우선, 그는 심장의 일부를 파괴해 손상을 주는 것이 실제로 환자에게 좋다고 상상할 수 없었다. 둘째, 그는 심방세동은 주기적으로 일어난다는 데에 주목하고 심장에 영구적 손상을 주지 않고서도 치료할 방법이 있는지 궁금해했다. 이것은 섬유성 연축을 멈출 다른 대안이 있는지 살펴볼 동기를 부여했다. 그는 항부정맥약(抗不正脈藥)을 심장 부위에 아주 소량 방출하면 즉각 부정맥(arrhythmia)이 중단된다는 걸 발견했다.

미르는 약물 펌프가 달린 이식 가능한 심박조율기를 발명했다. 심장이 심방의 섬유성 연축을 경험하면, 이 심박조율기는 심방근처에서 소량의 약물을 분비해 섬유성 연축을 즉각 멈춘다. 앞으로 임상 실험을 하게 될 이 치료법은, 환자가 약을 복용해야 할 필요도 없고 절개에 의해 야기된 심장의 되돌릴 수 없는 피해를 없앤다. 그리고 뇌졸중이나 심장이 멈출 위험을 줄이며 환자가 섬유성 수축을 겪을 때만 심장을 치료한다.

미르가 심방세동 치료와 관련된 광범위한 요인들에 세심한 주의를 기울이지 않았다면 결코 이루어내지 못했을 성과였다.

집중적인 관심은 세상에 대한 지식을 획득하는 강력한 방법이다. 그리고 그런 지식은 본질적으로 당신의 창조적 노력의 출발점이다. 당신의 상상력에 풍부한 연료를 제공하기 때문이다. 세상을 새로운 눈으로 적극적으로 바라보고, 당신의 환경에서 '물'을 보고, 당신의 관찰을 포착함으로써 당신은 관찰의 힘을 연마하는 연습을 할 수 있다. 관찰은 혁신을 원하는 모든 이에게 중요한 스킬이다. 따라서 나는 여러분이 주의 깊게 주변과 세상에 관심을 기울이길 바란다.

공간

멋진 장소에서 멋진 아이디어가 나온다

당신의 공간을 둘러볼 때, 당신이 느끼고 행동하는 방식에 영향을 주는 모든 변수들을 생각하라. 천장의 높이를 고려하고, 조명의 밝기를 관찰하고, 음악의 볼륨을 듣고, 방의 냄새에 관심을 기울여라. 이런 각 요소들은 당신의 행동과 기분과 작업 방식과 학습 방식과 놀이 방식에 영향을 준다.

부동산 직원들은 이걸 잘 알고 있어, 종종 팔려고 내놓은 집에 불을 켜두고 쿠키를 굽는다. 그들은 밝은 방들과 갓 구운 쿠키 냄새가 집에 대한 따뜻한 느낌을 만들어내어 구매 의욕을 높인다는 걸 안다. 설사 당신이 그들의 속셈을 알고 있다 해도 이 방법은 매우 효과적이다.

리즈 거버(Liz Gerber)는 '디 스쿨'에서 비즈니스 중역 집단을 위한 창조적인 문제해결에 관한 워크숍을 하고 있었다. 한 참여자가 주어진 공간이 너무 좁아서 마음껏 협력하기 어렵다고 불평하며 더 큰 공간으로 옮겨갈 수 있냐고 물었다. 리즈는 그들에게 전동드라이버를 주면서 쉽게 분해될 수 있는 합판 벽을 치우라고 말했다. 그들은 그것도 하나의 옵션임을 깨닫고는 입이 딱 벌어졌다. 그러고는 재빨리 벽을 제거해 더 큰 공간을 만들고 넓어진 공간을 부산물과 아이디어로 채우며 프로젝트에 뛰어들었다.

우리가 거주하고 일하는 공간은 우리의 인생을 연기하는 무대다. 그 자체로 우리 생각과 행동에 커다란 파급효과를 가진다. 태어난 순간부터 우리는 주위의 공간에 반응한다. 자극을 주는 환경에서 성장한 아이들의 뇌는 더욱 많이 발달한 신피질을 갖는다. 연구상 증거에 따르면, 그런 사람들이 나중에 인생에서 복잡한 인지적 문제를 더 잘 해결한다고 한다. 이제 막 부모가 된 사람들이 아기들과 어린 자녀들을 위해 풍부한 환경을 창조하려는 이유도 바로 그 때문이다. 자녀들의 신경계를 활성화하고 상상력에 시동을 거는 밝은 이미지와 장난감들을 주위에 놓는다. 유치원들도 그만큼 자극을 주는 환경을 갈망한다. 방들은 블록과 레고 같은 조립형 장난감들로 가득하다. 밝은 색상의 책들과 게임들로 넘쳐난다. 가구들은 아이들이 개인별, 그룹별로, 또는 반 전체가 놀 수 있게 설계되어 있다.

불행히도, 아이들이 나이가 들면서 교실은 점점 덜 고무적이 된다. 고등학교와 대학에서 책걸상은 대개 교실 전면을 향해 일렬로 놓여 있다. 교사들은 강의하고 학생들은 수동적으로 받아 적는다. 그들은 자신들의 상상력을 자극하기 위해 설계된 환경에서 떠나 상상력을 무심코 짓밟는 곳으로 간다. 이 졸업생들의 상당수는 무미건조한 칸막이가 줄줄이 늘어선 사무실에서 일한다. 게다가, 전 세계 많은 곳의 사무실들은 희미한 조명에 담배연기로 가득하다.

이런 환경들은 어떤 메시지를 전달하는가? 당신이 어떤 공간에 들어설 때, 당신은 그곳의 내러티브에 빠지고 주인공이 된다. 당신은 당신의 역할을 알고 당신에게 기대되는 바를 안다. 강의실, 호텔방, 공항 터미널, 진찰실, 콘서트홀, 운동장으로 걸어 들어갈 때 당신은 어떤 기분이 들고 어떻게 행동하는가?

공간은 당신의 행동에 영향을 미친다. 대개 강의실에서는 수동적인 관찰자 역할을 기대받는다. 호텔에 있을 때는 누군가 쓰레기를 대신 치워줄 거라고 가정한다. 공항에서는 아마 정신없다고 느낄 것이다. 그리고 당신은 의사를 만나려면 기다려야 한다는 걸 안다. 콘서트에서는 볼거리가 제공되고, 운동장에서는 재미있게 놀 수 있을 거라고 기대한다. 따라서 사람들이 창의성을 발휘할 사무실, 교실, 거실을 만들려면 공간의 디자인이 중요하다는 걸 염두에 두어야 한다. 공간은 이후 장에서 논의할 규정, 보상, 제약과 더불어 환경의 핵심 요인들 가운데 하나다.

: 상상력을 자극하는 공간 :
공간이 인지에 미치는 중대한 영향

이 글을 쓰는 동안 나는 따뜻한 여름날 저녁 캘리포니아 팔로알토(Palo Alto)의 한 카페 밖에 앉아 있다. 커피를 마시며 친구들과 일상 대화를 나누는 많은 사람들에 둘러싸여 있다. 일부는 작은 그룹을 지어, 몇몇 이들은 혼자 앉아 있다. 이렇게 개방된 공간은 한가로이 시간을 보내고, 지나가는 사람들을 쳐다보고, 옆 테이블에 앉은 누군가와 대화를 시작하게 한다. 한 젊은이가 내게 다가와 자신을 소개하며 명함을 주었다. 명함에는 '리안 슈와츠(Ryan Schwartz), 기업가'라고 적혀 있었다. 이 동네에 이사 온 그는 새로운 사람들을 만나기 위해 이곳을 골랐다. 남들에게 자신을 소개하기에 최적의 장소임을 알기 때문이다.

거리를 쭉 내려가면 매우 다른 분위기의 레스토랑이 있다. 당신도 쉽게 머릿속에 그릴 수 있다. 조용한 분위기에 작은 테이블들이 있고 차분한 음악이 흐른다. 방해받지 않고 사적인 대화를 나누기에 좋다. 여기서는 다른 테이블에 앉은 누군가와 대화를 시작하기 어려울 것이다. 나는 의식적으로 카페의 야외 쪽 자리에 앉기로 했다. 사람들의 나지막한 웅성거림에 둘러싸여 잠깐잠깐 일을 중단하고 영감을 받고 싶기 때문이다.

이건 너무 당연하게 보일 것이다. 하지만 우리 대다수는 일하고 사는 공간을 디자인할 때 그런 요인들을 계산에 넣지 않는다. 당신의 공간을 둘러볼 때, 당신이 느끼고 행동하는 방식에 영향을 주는 모든 변수들을 생각하라. 천장의 높이를 고려하고, 조명의 밝기를 관찰하고, 음악의 볼륨을 듣고, 방의 냄새에 관심을 기울여라. 이런 각 요소들은 당신의 행동과 기분과 작업 방식과 학습 방식과 놀이 방식에 영향을 준다. 부동산 직원들은 이걸 잘 알고 있어, 종종 팔려고 내놓은 집에 불을 켜두고 쿠키를 굽는다. 그들은 밝은 방들과 갓 구운 쿠키 냄새가 집에 대한 따뜻한 느낌을 만들어내어 구매 의욕을 높인다는 걸 안다. 설사 당신이 그들의 속셈을 알고 있다 해도 여전히 효과적이다.

건축가들도 이런 변수들을 잘 인식하고 있어 새로운 빌딩을 지을 때마다 고려한다. 시카고의 저명한 건축가인 잔느 강(Jeanne Gang)은 맥아더 '지니어스' 상을 수상했다. 그녀는 극적인 빌딩을 디자인하는 걸로 유명하다. 도시의 세찬 바람에 흔들리는 것처럼 보이는 시카고 중심부의 아쿠아 타워와, 꽃처럼 열린 지붕을 가진 일리노이주 록퍼드(Rockford)의 스타라이트(Starlight)극장이 그렇다. 그녀의 회사는 상당히 발명적이다. 팀은 자신들에게 닥친 건축적 도전에 대해 혁신적 해결책을 격려하는 공간에서 일하는 것이 반드시 필요하다.

잔느는 상상력을 자극하는 많은 물건들로 가득한, 약간은 '통제에서 벗어난' 공간을 의식적으로 디자인했다고 말했다. 바위, 광물, 건축자재, 악기, 섬유, 그들이 작업하고 있는 프로젝트에 영감을 주는 수공예품을 비롯해 전 세계에서 온 물건들이 있다. 회사는 의도적으로 도심 외곽의 오래된 은행 건물을 사용하는데 내부 장식을 뜯어내고 직접 새로 단장했다. 요컨대, 내외부에서 볼 때 편안한 환경이다.

오픈 스튜디오 공간 외에도 독특한 미팅룸들이 있다. 각각 다른 유형의 창조적 작업을 위해 의도적으로 디자인되었다. 방들은 크기와 모양이 다르며 가구는 공간의 목표를 반영한다. 오렌지 방은 하루 종일 진행되는 워크숍을 위해 디자인되었다. 부드러운 의자와 집단 업무를 위한 커다랗고 둥근 테이블이 있다. 그것은 음식뿐만 아니라 모형을 만들 재료에 손쉽게 접근할 수 있도록 주방과 모델 숍으로 열려 있다. 또 다른 방은 주로 흰색으로 정식 프레젠테이션을 위해 디자인되었다. 직사각형 테이블을 갖춘 이 방은 정원으로 열려 있다. 은색 방은 대화를 위해 디자인되었다. 흰색 둥근 테이블이 있고 거리를 내다볼 수 있는 아늑한 공간이다. 전반적으로, 잔느는 사람들이 어지를까 걱정하지 않는 환경을 만들었다. 모든 게 유연하고 공간이 (안팎으로) 내부인들의 목표를 반영하는 곳이다. 잔느 강의 작품들은 하나같이 사람들, 자재, 독특한 아이디어들을 한데 모은 독창적인 것들이다.

잔느의 작품 가운데 내가 가장 좋아하는 사례는 대리석 타일로 만들어진 1,600파운드의 커다란 흐르는 커튼이다. 이 경이로운 작품에서, 그녀는 돌과 섬유로 된 재료들을 혼합해 놀라운 것을 만들어냈다. 잔느와 팀은 대리석을 놀라울 정도로 얇게 저며 퍼즐모양 타일로 잘라, 이전에 알려지지 않았던 대리석의 특질을 발산하는 방법을 찾아냈다. 서로 맞물린 조각들은 천장에서 늘어뜨려져 물 흐르듯 부드럽고 투명한 커튼을 만들어냈다. 이와 같은 아이디어가 기상천외한 아이디어와 재료의 창조적인 연결과 조합을 고무시키지 않는 공간에서 나올 수 있겠는가.

상반된 사례는 샌프란시스코에 있는 회사로 모바일 금융거래의 간소화에 전념한 스퀘어(Square) 사다. 그들은 스마트폰에 꽂으면 신용카드로 지불할 수 있게 하는 작고 흰 정사각형 장비를 만들었다. 이 회사의 디렉터들은 자사가 출시한 상품이 직원들이 일하는 공간의 직접적인 반영이라는 걸 아주 잘 알고 있다. 그들은 자사의 상품이 심플하면서도 '최상급의 우아함'을 나타내길 바랐다. 그래서 사무실 공간을 그런 미적 감각이 드러나게끔 디자인했다. 흰색 테이블들이 길게 늘어선 거대한 방 하나에서 모두 개방된 채로 일한다. 우아하게 디자인된 회의실은 사적 대화를 위해 유리로 막혀 있다. 모든 게 깨끗하고 심플하며 개방적이다. 전 직원은 자신의 책상을 깨끗이 치워놔야 한다. 즉 이곳은 심플한 우아함이 중시되고 기대되는 장소다. 게다가, 개방된 환경은 회사의 투명성의 반영이다. 스퀘어에서 일하는 마이클 화이트에 따르면, 직원들은 매번 미팅마다 필기를 한 뒤 모두가 읽을 수 있게 회사 내부 웹사이트에 포스팅한다.

: 스탠퍼드 '디 스쿨'의 공간 디자인 :

창의적 문제 해결에 최적화된 공간

나는 스탠퍼드대학교에서 각기 다른 유형의 활동을 위해 디자인된 여러 흥미로운 공간에서 일하는 행운을 누렸다. 그중 하나는 내가 창의성 수업을 하는 스탠퍼드 '디 스쿨'이다. '디 스쿨'에 처음 들어오는 사람들을 관찰하는 것은 흥미롭다. 누가 말 한마디 해주지 않아도, 그들은 이곳이 창조적 노력을 위해 디자인된 곳이라는 걸 안다. 칸막이나 사무실도 없다. 강의실이나 칠판도 없다. 대신에 전체 공간은 즉흥 극장에 더 가깝다. 세트는 매일 바뀌는데 종종 이용자들의 니즈에 맞추어 시간마다 바뀌기도 한다.

내가 '디 스쿨'에서 수업하는 걸 좋아하는 이유 가운데 하나는 그날 무엇을 하느냐에 따라 세션별로 교실을 다르게 디자인할 수 있다는 점이다. 때때로 학생들은 쉽게 옮길 수 있는 테이블 주위에 소집단별로 앉는다. 프레젠테이션을 할 때는 의자들이 전면을 향한다. 때때로 학생들은 둘씩 짝을 지어 앉는다. 각 세션에서 벌어지는 다른 활동에 따라 방이 2등분 또는 4등분 된다. 테이블, 의자, 화이트보드, (공간을 만들거나 앉는 데 사용될 수 있는) 가벼운 주사위 모양의 조각들을 포함해, 모든 가구들은 쉽게 움직이고 필요하지 않으면 치울 수 있게 디자인되어 있다. 그래서 가르치는 공간은 거의 즉각 변형될 수 있다. 때때로 한 수업 동안 수 차례 변형되기도 한다. 방에는 항상 모형을 만들 많은 재료들이 비치돼 있어서 누구든지 아이디어를 쉽게 창안할 수 있다는 걸 알 수 있다. 비디오 스튜디오가 있어서 학생들은 자신들의 프로젝트에 대한 이야기를 들려주는 영화도 만들 수 있다. 그리고 영감을 얻기 위해 공간은 지난 프로젝트의 멋진 성과물들로 채워진다.

이것은 우연이 아니다. 창조적 문제해결에 최적화된 공간을 디자인하기 위해 상당히 고심한 결과다. 스콧 두얼리(Scott Doorley)와 스콧 위도프트(Scott Witthoft)가 이끌고 있는 '공간 팀'은 항상 '디 스쿨'의 환경을 평가하고 새로운 아이디어들로 실험한다. 가령 최근에 '디 스쿨'의 한 선도적인 강사가 리셉션 지대에 앉아 있었다. 나는 그녀에게 인사하며 뭘 하고 있는지 물었다. 그녀는 '디 스쿨'에 들어올 때 사람들이 갖는 경험을 공간팀이 재디자인하고 있다고 말했다. 그들은 그런 경험을 가능한 한 긍정적이며 '디 스쿨'의 정신을 반영하는 것으로 만들고자 했다. 내가 다음날 들렀을 때 리셉션 지대 전체가 바뀌어 있었다. 그들은 완전히 새로운 배열을 시도하고 있었다. '디 스쿨'의 공간 팀은 공간이 사람들의 경험에 커다란 역할을 한다는 걸 알고 있다. 그들이 불러일으키고 싶은 반응을 만들어낼 공간을 지을 방법을 찾기 위해 과감한 시도를 했다. 두얼리와 위도프트는 저서《공간 만들기: 창조적 협력의 무대를 꾸미는 법》에서 공간에 대한 심층적인 실험에서 배운 것들을 제시했다.[1]

: 공간을 가지고 노는 회사 IDEO :

더 나은 작업 환경을 위한 끊임없는 실험

공간에 대한 실험은 디자인 회사 IDEO에서 늘 벌어지는 일이다. 고정된 것들은 별로 없고 사람들은 늘 공간을 재배열한다. 내가 이 회사의 파트너 데니스 보일을 회사에서 만났을 때, 우리는 사무실 중간에 주차된 낡은 밴 안에 앉았다. 이것은 오래전 농담에서 시작되었다. 한 동료가 휴가를 갔다 왔더니 자기 사무실이 밴의 뒷자리로 바뀌어 건물 한복판에 떡하니 놓여 있는 게 아닌가. 그가 여러 달 사용한 후에 그곳은 누구나 사용할 수 있는 미팅룸으로 바뀌었다.

이런 타입의 유쾌한 공간에 대한 실험은 언제나 일어난다. 직원들은 몇 주간 떠났다가 돌아오면 공간이 재디자인되어 있을 거라고 확신한다. 데니스는 수십여 사례를 나열했다. 누군가 크루즈에 있는 동안 사무실이 보트로 전환되고, 누군가 프랑스로 휴가 갔을 때는 에펠탑으로 변신하고, 누군가가 마침내 영주권을 얻으면 성조기의 붉은색, 흰색, 파란색을 사용해 축하 분위기를 내는 등등.

사무실 재장식은 하찮게 보이겠지만, IDEO의 공간을 가지고 노는 문화 위에 기반한다. 그리고 이런 유형의 실험은 팀이 함께 일하는 방식에 극적인 변화를 가져왔다. 30년 전 초창기에 IDEO는 전원이 한 사무실에서 일하다가 다들 칸막이에서 일하는 오픈시팅(open seating) 정책으로 이동했다. 각 디자이너는 칸막이를 자신의 관심사를 반영하기 위해 장식했다. 이제는 프로젝트 팀별로 앉으며 사무실이 아예 없다. 이런 스튜디오 공간은 원래 장기적 또는 비밀 프로젝트를 둘러싸고 진화했다. 하지만 크게 성공을 거둠에 따라, 이제 그런 '임시 제국'이나 특정 프로젝트에 배정된 스튜디오는 회사 전체에 존재한다.

IDEO에서 첫 스튜디오 공간은 1995년 데니스와 그의 팀이 휴대용 소형컴퓨터 팜파이브(Palm V)를 디자인하기 위해 팜컴퓨팅과 일할 때 지어졌다. 그들은 함께 앉아 일하는 것에 놀라운 이점이 있다는 걸 발견했다. 프로젝트를 둘러싸고 에너지를 증가시키고, 팀원들 간에 의사소통을 강화하고, 모든 프로젝트들의 성과물을 쭉 둘러보는 공간을 만들어냈다. 이런 환경에서 팀은 항상 '미팅 중'이다. 협력을 보다 용이하게 만들며 항상 함께 하기 때문에, 만나기 위해 일정을 잡을 필요가 없다. 사실, 근접성은 공간을 디자인할 때 중요한 변수다. 아마도 당신보다 멀리서 일하는 사람과, 바로 옆에서 일하는 사람은 매우 다른 관계를 맺고 있을 것이다. 연구에 따르면, 누군가와 50피트 이상 떨어져서 일한다면 이는 마치 다른 빌딩에 있는 직원과 의사소통을 하는 것과 같다고 한다.

: '디 스쿨'의 시뮬레이션 게임 :
왜 아무도 테이블을 옮길 생각을 못할까?

우연히 나는 공간이 창조적 문제해결에 얼마나 강력하게 공헌하는지 발견했다. 내 창의성 수업에서 시뮬레이션 게임을 할 때였다. 방을 두 개의 생태계로 나누어서 완전히 다른 두 개의 게임을 동시에 진행했다. 각 생태계에는 4개의 팀이 있는데 최단 시간에 조각퍼즐을 완성해야 하는 미션을 주었다. 나는 각 생태계에서 100개의 조각 퍼즐 3개를 섞은 뒤 각 팀에게 1/4씩 나누어줬다. 각 팀의 목표는 하나의 퍼즐을 완성하는 것이다. 따라서 같은 생태계에 속한 다른 팀에게서 자신에게 필요한 조각들을 어떻게 가져올지 알아내는 것이 중요한 과제였다.

한 생태계는 한쪽 구석에 팀별로 작은 테이블을 꾸몄다. 하지만 의자는 없다. 다른 생태계는 방의 다른 구석에 테이블 없이, 팀별 의자들로만 꾸몄다. 처음에 팀 공간을 이렇게 배열한 것은 시뮬레이션에서 하나의 변수로 의도된 게 아니라 단지 두 생태계를 구분하는 방법에 지나지 않았다. 하지만 결국 이것은 게임의 결과에 영향을 주는 핵심 변수가 되었다.

테이블 없이 의자만 있는 생태계에서 학생들은 눈에 띄게, 거의 즉각 협력하기 시작했다. 바닥에서 퍼즐을 맞출 때 팀원들은 의자를 하나의 큰 원으로 재배열하거나 한쪽으로 치웠다. 그들은 함께 일함으로써 게임에서 최대 점수를 획득할 수 있다는 걸 알아냈다. 한편, 방의 다른 쪽에 의자 없이 테이블만 있는 팀들은 각 테이블에 붙박여 있었다. 결과적으로 그들은 전혀 협력하지 못했고 제한된 점수만 획득했다.

테이블에는 바퀴가 달려 있어 쉽게 움직이기 때문에, 하나의 커다란 팀을 만들기 위해 테이블들을 한데 모으는 것은 별로 힘든 일이 아닐 것이다. 하지만 이 훈련을 수십여 차례 하는 동안, 그런 일은 일어나지 않았다.

내가 이 점을 지적하면 학생들은 늘 충격을 받는다. 그들은 신중한 전략적 결정을 내렸다고 생각했다가, 공간이 그들이 하는 행동에 영향을 미친다는 걸 깨닫고는 정신이 멍해진다.

본질적으로, 테이블만 있던 곳의 사람들은 자신들의 세상을 테이블에 의해 고정된 걸로 보고 그걸 옮길 생각조차 하지 않았다. 이 훈련에서 얻어갈 교훈은, 공간이 팀의 역학과 창의성에 지대한 영향을 끼친다는 것이다. 참여자들은 이런 변수가 그들의 행동을 바꾸는 데 있어 얼마나 중요한지 결코 상상하지 못했다. 다시 한번, 공간은 강력한 이야기를 말해주며 각 팀은 그 내러티브를 충실히 따랐다.

테이블들만 있던 곳에서의 스토리라인은 이렇다.

"이 테이블은 당신의 왕국이다. 그걸 건설하고 보호하는 건 당신에게 달려 있다."

의자만 있던 다른 곳에서의 스토리라인은 다음과 같다.

"우리의 세상은 유연하다. 힘들이지 않고도 우리는 함께 일하는 방식을 재조직할 수 있다."

: 빛과 소리가 인지에 미치는 영향 :
배경음악에 따라 와인 맛이 바뀐다고?

창조적 공간을 디자인할 때는 벽의 색깔이나 배경음악을 비롯해 어떤 요인도 간과해선 안 된다. 최근 연구에 따르면, 붉은 벽들은 당신의 관심을 집중시키는 걸 돕고 파란 벽들은 창조적 사고를 기른다. 이에 대해 설명하자면, 푸른색은 하늘의 이미지를 불러내 당신의 사고를 열어준다. 사람들이 바깥이나 천장이 높은 공간에 있을 때 더욱 확장된 아이디어를 갖는다는 발견과도 일치한다. 건축가들은 빌딩 내부의 접근불가한 공간의 중요성에 대해 말한다. 당신이 볼 순 있지만 접근할 수 없는 공간 말이다. 가령, 당신은 천장을 만질 수 없어도 그 높이에 근원적인 영향을 받는다. 전통적인 교회와 콘서트홀의 천장이 상당히 높다는 걸 생각해보자. 숭고한 생각과 느낌을 촉진하기 위해 그렇게 설계된 것이다.

우리는 또한 공간 안에 있는 것만이 아니라 창문 밖으로 보이는 것에도 영향을 받는다. 창문 밖에 빌딩 벽이 보이는지 아니면 광활한 숲이 보이는지가 당신의 기분에 전폭적인 영향을 준다. 1984년 연구에 따르면 병원 환자들은 창문 밖의 풍경에 따라 회복 속도가 달랐다. 시골 펜실베이니아 병원에서의 리서치 결과를 살펴보자. 자연풍경이 내다보이는 창문이 있는 방에 있던 23명의 환자들이, 빌딩을 마주본 창문이 있는 방에 있던 23명의 환자들에 비해 수술 후 입원일이 더 짧고 진통제 복용량도 더 적었다.[2]

주변의 소리도 우리가 느끼는 방식에 커다란 영향을 준다. 사실, 우리의 삶은 마치 영화처럼 사운드트랙이 있다. 사운드트랙을 바꾸면 풍경의 느낌은 극적으로 바뀐다.《클릭》의 공저자인 오리 브래프먼(Ori Brafman)은 스탠퍼드대학교의 강의에서 도발적인 사례를 제시했다.[3] 그는 쿵쿵거리는 록 음악이 깔린, 아주 가파른 산을 스키로 내려오는 사람의 짤막한 비디오를 보여주었다. 스키어의 경험은 무섭고 흥분되는 것처럼 보였다. 그 다음에는 같은 비디오 클립을 서정적인 클래식 음악을 배경에 깔고 다시 틀었다. 경험은 즉각 바뀌었다. 이제 스키어는 차분하고 명상하듯 천천히 내려오는 것처럼 보였다. 비디오에서 사운드트랙은 우리가 흥분되게 또는 차분하게 느끼도록 신호를 주는 주된 요인이다.

나는 영화 〈록키〉의 록키 발보아가 큰 시합을 앞두고 훈련하는 고전적인 한 장면을 사용해 비슷한 실험을 했다. 오리지널 곡은 록키가 어떤 조건에서도 승리하는 미래 승리의 전조를 알리는 당찬 음악이다. 나는 같은 장면에 느리고 슬픈 음악이 깔린 새로운 버전을 만들었다. 이것은 분위기의 전환을 유발해, 록키는 영웅이 아니라 우울한 패배자처럼 보였다. 그의 고통스런 찡그림은 강함과 인내의 신호라기보다는 치명적인 흠처럼 보였다.

물론 이런 도구들은 우리가 보는 영화나 TV 프로그램에서 늘 사용된다. 코미디에서 배경에 깔린 웃음소리는 우리에게 곧 무언가 재미있는 이야기가 나올 거라는 단서를 준다. 마치 호러 영화에서 음산한 음악이 우리에게 위험이 다가옴을 알려주듯 말이다.

사운드트랙은 우리가 느끼는 방식만이 아니라 우리의 미각에도 영향을 준다. 영국의 에이드리언 노스의 연구에 따르면, 우리가 와인을 경험하는 방식은 배경음악에 따라 크게 달라진다. 이 연구는 참여자들에게 백포도주와 적포도주를 준 뒤 맛에 대한 설문지를 작성하게 했다. 와인 테스팅마다 배경음악은 달랐다. 선별된 음악은 무겁거나, 미묘하거나, 세련되거나, 가볍거나, 상쾌하거나, 온화하거나, 부드럽다고 표현될 수 있다. 설문지의 결과는 피험자의 와인 경험이 배경음악과 일치한다는 걸 보여준다. 실질적으로 배경음악이 말 그대로 와인의 맛을 바꾸었다.[4]

: 이완 매킨토시의 7가지 공간 :
우리에게 필요한 공간의 거의 모든 유형

학습과 테크놀로지의 국제적인 전문가인 이완 매킨토시(Ewan McIntosh)는 학습 공간에 대해 고심하며 상당한 시간을 보낸다. 그는 물리적 세계와 온라인 세계에서 존재할 수 있는 7가지 유형의 공간을 설명한다. 매트 로크(Matt Locke)의 앞선 작업에 근거해, 이완은 어떻게 다른 유형의 공간이 우리의 상호작용 방식을 대폭 변화시키는지 설명한다.[5] 만일 당신이 혁신에 최적화된 공간을 만들려고 한다면, 이러한 유형의 공간을 모두 고려하는 게 도움이 될 것이다.

첫 번째 유형의 공간은 '사적 공간'이다. 우리는 하루 가운데 일정 시간은 본연의 모습 그대로 있을 수 있는 공간을 찾아야 한다. 이런 공간이 주어지지 않으면, 우리는 스스로 만들어낸다. 이것은 사람들이 사적인 전화 통화를 위한 조용한 장소를 찾는 것을 포함한다. 또 학교에 다니는 아이들이 공공벤치를 통째로 차지한 채 편안한 자세로 친구들에게 문자를 보내는 행위를 포함한다.

두 번째는 '집단 공간'으로 작은 팀들이 함께 일할 수 있는 곳이다. 이것은 빤해 보이겠지만 실제로 그렇지 않다. 많은 교실과 사무실이 팀의 상호작용을 저해하도록 디자인되어 있다. 우리는 인생의 많은 시간을 강의실에 일렬로 앉거나, 움직이지 않는 책상이나 작은 칸막이가 있는 사무실에 고립되어 있다.

집단 공간은 매우 중요하다. 심층적인 협력의 기회를 제공하기 때문이다. 집에서는 종종 식탁이 그 역할을 한다. 모두 모여서 무슨 일이 일어나는지 공유하고 상호관심사를 논의할 수 있기 때문이다.

세 번째, '전시 공간'은 무슨 일이 진행되는지 보여주기 위해 디자인된다. 이것은 물리적·가상적 세상 모두에서 일어난다. 가상 세계에서 전시는 우리가 갔던 곳과 했던 일을 반영하는 사진과 비디오를 공유하는 웹사이트에서 일어난다. 물리적 세상에서는 공예품, 사진, 기념품 같은 거실에 전시된 물건들이 손님들에게 당신에 대해 말해준다. 메모지와 사진으로 덮인 냉장고나 메모판은 전시 공간의 주요 사례. 사무실에서, 이런 종류의 공간은 종종 관리자에 의해 간과되어 자신의 공간이나 사무실을 기념할 만한 물건으로 채우는 일은 개인에게 맡겨둔다. 이 전시품들은 어떤 일이 있었는지 상기시키고 미래의 창조적 노력에 대한 자극제가 된다.

네 번째, '수행 공간'은 아이디어를 공유하거나 행동으로 옮기는 곳이다. 이런 공간들은 당신의 상상력을 자극하고 아이디어에 숨을 불어넣는다. 영구적인 공간일 필요는 없지만 필요할 때 이용 가능해야 한다. 가령 가구들을 밖으로 치우면 어떤 공간도 아이디어를 공유해야 할 때 수행 공간으로 전환될 수 있다.

다섯 번째는 '참여 공간'으로 진행되는 일에 개인들의 참여가 허용된 곳이다. 가령 이완 매킨토시가 제시하듯, 교정을 학생들이 식물을 가꾸는 공공정원으로 전환한다면, 그곳은 집단 공간에서 참여 공간으로 전환된 것이다. 직원들에게 실시간 에너지 소비 데이터를 보여줌으로써 에너지 사용을 인식하게 한다면, 공간에서 그들의 행동은 자연스레 변하고 단지 점유자에 그치지 않고 참여자가 될 것이다.

여섯 번째는 '데이터를 위한 공간'이다. 나중에 필요하게 될 정보를 보관하는 도서관이나 데이터베이스와 비슷하다. 공공장소에 있을 필요는 없지만 온라인상으로나 물리적으로 쉽게 이용 가능해야 한다. 점점 더 많은 정보가 온라인에서 이용 가능해지면서, 우리는 그런 공간이 일하는 방식에 영향을 주는 방식을 고려해야 한다. 과거에 사람들은 필요한 정보를 얻기 위해 참고문헌을 찾아 도서관을 수없이 오갔다. 이제는 대부분의 사람들이 하루 중 상당 시간을 웹에 접속한다. 필요로 하는 데이터를 가장 꾸준히 찾을 수 있는 곳이기 때문이다.

마지막 일곱 번째로 '관찰 공간'이 있다. 우리 주위에서 벌어지는 일을 수동적으로 관찰하게 해주는 곳이다. 때때로 우리는 적극적 참여자보다는 무슨 일이 일어나는지 지켜보고 듣는 수동적 관찰자가 되고 싶거나, 그래야 할 때가 있다. 지켜봄으로써 우리는 주변 환경 활동에 대한 정보를 얻는다. 그리고 이것은 조직과 더욱 연결된 기분을 느끼게 해준다.

: 지금 당장 공간을 바꿔라 :
픽사의 풍요롭고 도발적인 작업 환경

창조적 공간이 창조적 작업으로 이어진다. 〈토이 스토리〉와 〈니모를 찾아서〉 같은 놀라운 창조적 영화의 제작사 픽사(Pixar)는 멋진 사례를 제공한다. 회사 입구에 들어서면 픽사 영화의 커다란 캐릭터들이 반겨준다. 각 디자이너는 자신의 열정을 반영하는 공간을 창조하도록 독려받는다. 그 결과 종종 동화 속의 과자로 만든 집, 열대 원두막, 레고 성처럼 꾸민 사무실이 있다. 분명 재미만을 위해서가 아니다. 그런 풍요롭고 도발적인 환경이 없었다면 픽사의 디자이너들이 혁신적 상품을 떠올릴 수 없었을 것이다.

반드시 거창한 미디어 스튜디오가 있어야만 자극을 주는 공간을 얻을 수 있는 건 아니다. 많은 신생 회사가 신선한 자극을 주는 환경에 대한 철학을 갖고 있다. 이것은 더욱 창조적인 일로 이끌 뿐만 아니라 그런 환경에서 일하길 갈망하는 직원들을 유치하고 보유하는 데도 도움이 된다. 트립 애들러(Trip Adler)가 운영하는 스크립드(Scribd)가 좋은 사례다. 스크립드는 높은 천장의 커다란 오픈 오피스를 가진 온라인 출판 플랫폼이다. 공간을 쭉 가로질러 짚라인이 있다. 1인용 카트 카와 포고(기다란 막대기에 용수철이 달려 있어 콩콩거리며 타고 노는 기구-옮긴이)와 장난감 총과 스케이트보드와 자전거와 스쿠터, 노래방 기계, 탁구 테이블이 있다. 신입들에게는 그들의 '장난감' 옆에 그들의 이름이 새겨진 명판이 주어진다. 그들은 심

126

지어 스크럼드와 레이싱(racing)이 합쳐진 스크래싱(scracing)이라는 새로운 카트 카 경주 게임을 발명했다. 트립이 말하길, 이 새로운 게임은 회사의 창의성을 새로운 수준으로 밀어붙인다고 한다. 분명 그들이 하루 종일 게임을 하는 건 아니지만, 유쾌한 전시품과 게임은 무슨 일을 하든지 간에 창조적으로 할 것을 촉구한다는 걸 상기시킨다.

혁신에 대한 공간의 중요성에도 불구하고 내부 사람들에게는 여전히 외관에 불과하다. 즉 누가 공간에 있는지 고려하는 것도 그만큼 중요하다. 이것은 정말로 중요하다. 당신 환경에 있는 사람 하나하나가 논의되는 토픽과 문화에 영향을 미치기 때문이다. 당신과 같이 일하는 사람만이 아니라 빌딩 주위를 걷다 우연히 만나는 사람들에게도 적용된다. 사실, 복도에서 사람들 간의 무작위적 연결은 당신의 공간에서 무슨 일이 일어나는지 판단하는 데 커다란 역할을 한다. 이것은 앞서 언급한 로리 맥도널드의 비즈니스에서의 병행 '놀이'에 대한 리서치와도 맞아떨어진다. 그는 어린 아이들과 마찬가지로 성인들이 서로 적극적으로 어울리지 않고서도 주변 사람들에게 어떤 식으로 영향을 받는지 연구하고 있다.

공간은 환경의 핵심 변수이다. 당신이 해야 할 것과 하지 말아야 하는 것을 분명하게 전달하기 때문이다. 당신이 자극을 주는 환경에서 살거나 일한다면, 당신의 마음은 신선하고 새로운 아이디어에 개방적이다. 하지만 환경이 지루하고 제한적이라면, 당신의 창의성은 억압될 것이다. 리즈 가버가 워크숍의 학생들에게 격려한 것처럼, 가구를 재배치하고 붓을 집어 들고 방을 예술품과 공예품으로 채워라. 심지어 당신의 혁신을 강화시킬 공간을 짓기 위해 전동드라이버의 플러그를 꽂아두어라.

공간은 당신이 인생을 연기하는 무대다. 창조적이길 원한다면, 당신의 상상력을 발산시키는 물리적 환경을 만들어야 한다.

CHAPTER

6

제약

창의성에 불을 붙이는 촉매제

압박은 낮고 창의성은 높은 상태에서, 사람들은 탐험을 떠난 것처럼 느낀다. 즉 기회를 제한 없이 탐구하는 데 마음껏 몰두한다. 낮은 압박감이 낮은 창의성으로 이어질 수도 있다. 이런 상태에서 사람들은 마치 오토파일럿처럼 느낀다. 그들은 지루해하고 영감을 받지 못한다.

때때로 높은 압박감은 낮은 창의성으로 이어지는데, 압박감이 엄청나고 포커스가 없을 때 발생한다. 이런 상황에서 사람들은 마치 결코 멈추지 않는 러닝머신에 올라탄 기분이다. 마지막으로, 높은 압박감과 높은 창의성의 상황에서 사람들은 사명을 띤 것처럼 느낀다. 이런 환경에서는 압박에도 불구하고 포커스가 정확하며 중요한 목표가 있다. 그리고 사람들은 상당히 창조적이다.

약 1년 전에, 편집자 기드온(Gideon)이 내게 전화를 했다. 하퍼원에서 다음 책을 내고 싶다는 것이다. 더불어 무리한 일정일 수 있지만 열 달 안에 책을 써달라고 했다. 나의 이전 책은 불과 네 달 만에 완성했었기 때문에 이 마감일은 아주 여유 있어 보였다. 집필할 시간이 이전보다 두 배나 더 많이 주어졌으니까. 하지만 나는 불과 네 달 남을 때까지 글쓰기를 미루고 또 미뤘다. 날마다 글쓰기를 미루다니, 나는 놀랐다. 나는 책을 완성해야 하고 그러길 갈망한다는 걸 알고 있었다. 그런데도 왜 날마다 미루는 걸까?

마침내 나는 내가 무의식적으로 일부러 글쓰기를 미룬다는 걸 깨달았다. 즉 창조적 미루기였다. 본질적으로 창조적 압박감을 늘리고 있었던 것이다. 나는 창조적으로 쓰기 위해 약간의 긴박감이 필요했다. 보다 많은 시간을 줌으로써, 기드온은 내 창의성의 중요한 자극을 제거했다. 그래서

의식적으로 깨닫지 못했지만 나는 스스로 그걸 추가했던 것이다.

교육자로서 이런 사실을 미리 알았다면 좋았을 것이다. 내 학생들도 역시 그러니까. 10주의 일정으로 숙제를 내주면 그들은 8주 동안은 시작하지 않고 기다리고 있다. 사실 나는 수업에서 장기프로젝트 하나를 내주곤 했지만, 결국엔 2주짜리 프로젝트 3개를 내주는 걸 더 선호하게 되었다. 그 결과는 아주 놀라웠다. 학생들은 훨씬 더 나은 결과물을 가져왔고, 그 과정을 더 즐기는 것처럼 보였다. 시작부터 압박감이 있어 그들의 에너지는 약해지지 않았다. 낭비할 시간이 없기 때문이다.

: 본능적 미루기 :
제약된 상황에서 극대화되는 창의성

사실, 모든 환경에서 제약은 창조적 산출에 중요한 역할을 한다. 구글의 상품개발 책임자 마리사 메이어(Marissa Mayer)가 말했듯, "창의성은 제약을 사랑한다."[1] 그리고 시간은 제약의 강력한 사례들 가운데 하나다.

하버드 경영대학원의 테레사 애머빌(Teresa Amabile), 콘스탄스 하들리(Constance Hadley), 스티브 크레이머(Steve Cramer)는 이러한 개념을 멋지게 설명한다. 애머빌은 수년간 조직에서의 창의성을 연구하고 있다. '긴박한 상황에서의 창의성'이라는 기사에서, 애머빌과 동료들은 압박감이 창의성에 어떤 영향을 주는지 매트릭스를 그려 설명했다.[2]

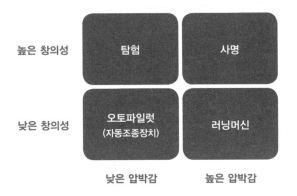

<table>
<tr><td>높은 창의성</td><td>탐험</td><td>사명</td></tr>
<tr><td>낮은 창의성</td><td>오토파일럿
(자동조종장치)</td><td>러닝머신</td></tr>
<tr><td></td><td>낮은 압박감</td><td>높은 압박감</td></tr>
</table>

    압박은 낮고 창의성은 높은 상태에서, 사람들은 긴 탐험을 떠난 것처럼 느낀다. 즉 기회를 제한 없이 탐구하는 데 마음껏 몰두한다. 이런 상황에서 스트레스 없는 시간을 창조적 노력에 이용하려면 스스로 동기부여가 높고 고무되어야 한다.

    낮은 압박감이 낮은 창의성으로 이어질 수도 있다. 이런 상태에서 사람들은 마치 오토파일럿처럼 느낀다.

    창조적 일에 대한 외부의 인센티브나 격려가 없다. 사람들은 지루해하고 영감을 받지 못한다. 때때로 높은 압박감은 낮은 창의성으로 이어지는데, 압박감이 엄청나고 포커스가 없을 때 발생한다. 일은 중요하지 않게 느껴지고 목표는 계속 변한다. 이런 상황에서 개인들은 마치 결코 멈추지 않는 러닝머신에 올라탄 기분이다.

    마지막으로, 높은 압박감과 높은 창의성의 상황에서 사람들은 사명을 띤 것처럼 느낀다. 이런 환경에서는 압박에도 불구하고 포커스가 정확하며 중요한 목표가 있다. 그리고 사람들은 상당히 창조적이다.

사명감을 느낀 가장 극단적인 사건은 1970년 아폴로 13호의 사고 때 일어났다. 애머빌과 동료들이 논문에서 잘 설명하고 있다. 1970년 아폴로 13호의 달 비행 동안, 기내에서 치명적인 폭발이 일어나 공기정화시스템이 손상을 입었다. 결국 선실의 이산화탄소가 위험한 정도로 늘어나게 되었다. 시스템을 고치거나 대체하지 못한다면 우주비행사들은 몇 시간 내에 죽을 것이다. 당시 휴스턴의 미우주항공국 미션 통제 본부에서는 사실상 모든 엔지니어들, 과학자들, 기술자들이 즉각 그들의 관심의 초점을 문제에 맞추었다. 우주선 기내에 있는 것과 동일한 물질들로 작업하면서, 우주비행사들이 복제할 수 있는 정화시스템을 만들려고 애를 썼다. 비행 절차 매뉴얼의 커버를 비롯해 모든 자재들이 고려되었다.

남은 시간이 별로 없는 그들은 보기 흉하고 투박하며 완벽과는 거리가 멀지만 그럭저럭 제대로 작동하는 무언가를 만들어냈다. 엔지니어들은 인지적으로 손상된 우주비행사들이 (믿기지 않게도) 필터를 만들어낼 정도로 정확한 설계를 보냈다. 그렇게 완성된 정화시스템은 제대로 작동했고 세 명의 생명을 구해냈다.

분명, 이런 상황에서 관계자들은 하나같이 대단히 높은 압박감과 크게 강화된 창의성을 보여줬다. 그들은 제한된 시간과 제한된 자원에, 말 그대로 목숨이 달린 상황이었다. 경중은 다르겠지만 이런 유형의 급박함은 일상 속에서 자주 일어난다. 빠듯한 마감일 전에 상품을 출시하기 위해 전력 질주하거나 거의 즉석으로 막판 행사를 치르기 위해 달릴 때다.

: 말밥굽 대신 코코넛 :

한정된 자원을 창의적으로 활용하기

이런 전력질주는 2001년 9월 11일 테러리스트들이 세계무역센터를 파괴한 비극적 사건의 발생 직후 이베이(eBay)에서 일어났다. 이 회사는 100일 동안 억만 달러를 모금하기 위한 기부물품을 팔고자 '미국을 위한 경매'를 개시하기로 했다. 상품을 기획하고 만드는 데에는 대개 20주가 걸리지만 당시 상황을 감안할 때 단 3일밖에 시간이 없었다. 사이트 설계에 하루, 그리고 코드화와 테스트에 이틀이 주어졌다. 이베이의 100명의 엔지니어들이 그 프로젝트에 배정되었다. 그들은 주말 내내 일한 덕분에 불과 1시간 남겨놓고 프로젝트를 완성했다. 팀원 모두 포커스가 분명하고 중요한 목표의 임무를 맡았다는 사명감을 느꼈다. 즉각적이며 창조적인 사고를 요구하는 응급상황시 무엇이 달성될 수 있는지에 대해 강력하게 상기시킨다.[3]

우리는 모든 환경의 제약이 어떻게 창의성을 자극하는지 보기 위해 이런 극단적 경험에서 통찰력을 얻어낼 수 있다. 신생 벤처들을 생각해보자. 대다수 경우 이런 젊은 사업체는 제한된 자원을 갖고 시장에 상품을 즉각 내놓아야 한다. 대다수 신생 기업에게, 이런 제약들은 실제로 좋은 것이며 창의성의 촉매제다.

앤 미우라 고(Ann Miura-Ko)는 플러드게이트펀드(FloodgateFund)의 파트너로, 여기에 대한 의견을 되풀이해 말한다. 그녀는 제약들이 모든 회

135

사, 특히 신생 회사에게 필요하다고 굳게 믿는다. 그것이 없다면 회사는 실패할 전략을 추구하고 목표를 달성할 방법을 찾는 데 있어 창의성이 떨어질 것이다. 자원이 크게 제한되면, 회사의 창립자들은 고통스러운 트레이드오프를 해야 하고 문제해결의 창조적 방법을 찾아야 한다. 해야 할 일을 하기 위해 하고 싶은 일을 희생해야 한다. 제약은 신중하게 만들고, 우선순위를 정하고 최대한 혁신적이게 만든다.

인상적인 재미난 사례는 몬티 파이선(Monte Python)의 영화 〈몬티 파이선의 성배(Monte Python and the Holy Grail)〉에서 찾을 수 있다. 이 저예산 영화의 한 장면에서 짙은 안개를 뚫고 다가오는 말발굽 소리가 들린다. 점차 소리가 가까워지면서 당신은 말들이 없다는 걸 깨닫게 된다. 대신에 한 병사가 코코넛 두 개를 두드려 말발굽 소리를 내고 있다. 예산상 말에 쓸 돈이 없어 배우들이 코코넛 껍질을 두드려 소리를 내기로 결정한 것이다. 말들로 찍었어야 할 장면은 코코넛을 사용한 덕에 훨씬 더 재미있어졌다. 적은 게 더 나은 결과를 가져옴을 뚜렷하게 상기시키는 또 다른 사례. 게다가 이 사례는 문제의 프레이밍에 대한 메시지를 되풀이해서 들려준다. 즉 "어떻게 말을 구하지?" 대신에 "어떻게 말발굽 소리를 재창조하지?"라는 질문을 함으로써 해결책의 범위가 대폭 커진 것이다. 만약 당신이 제약 받은 상황에서 영감을 얻고자 한다면 코코넛을 생각하라!

이 아이디어는 '린 창업방식(lean Startup)'을 설명하는 에릭 리스(Eric Ries)의 저서에서도 발견할 수 있다.[4] 그는 이 접근법을 성공한 온라인 업체 IMVU의 공동 창립자이자 기술 전문가로 재직하는 동안 발전시켰다. 거

136

기서의 경험을 통해 그는 제약이 주어진 상태에서 일하는 것이 더 나은 상품으로 이어진다는 걸 배웠다. '린 창업방식' 철학은 '최소 존속 제품'을 출시함으로써 시장에서의 반응을 미리 조사하기 위해, 상품의 신속한 모형을 창조하는 걸 옹호한다. 출시 전에, 신상품에 최소한의 시간과 돈을 들여 더 빠른 고객 피드백을 얻게 된다. 덕분에 전통적인 엔지니어링 관행을 사용할 때보다 훨씬 빨리 상품을 개발하고 진보할 수 있다. 심지어 복잡한 기술 상품을 개발할 때조차도 적은 자원이 더 낫다는 걸 회사들이 깨달을 때, 이런 접근법은 들불처럼 번질 것이다.

이 개념을 증명하기 위해, 나는 창의성 수업에서 학생들에게 30분 동안 한 라인의 기념카드를 만들라고 한다. 다들 알겠지만 회사에서 이런 임무 완수에는 보통 수개월이 걸린다. 나는 학생들에게 특정 기념일을 정해주고 종이와 펜과 가위만으로 자유롭게 만들라고 한다. 정해진 시간이 끝날 무렵 그들은 세트로 된 4장의 카드 모형을 전시하고 판매홍보를 해야 한다. 반 전체가 가장 좋아하는 디자인에 투표하고 승리한 팀은 상을 받는다. 그들 모두가 제한된 시간, 제한된 자원으로 경쟁한다는 의미다.

결과물은 항상 재미나고 창의적이다. 가령 휴일이 지구의 날일 때를 살펴보자. 한 팀은 씨앗으로 장식된 카드를 만들어 읽고 난 뒤에 심을 수 있게 했다. 다른 팀은 종이를 아끼기 위해 메시지를 추가해 남들에게 전달할 수 있는 카드를 만들었다. 학생들은 극도로 짧은 동안에 자신들이 달성한 것에 놀라워하며 압박감이 놀라운 촉진제라고 인정한다.

137

: 트위터가 창조자를 만든다? :
단어 제약의 미학

상당한 제약을 부과하는 것이 창의성의 분출로 이어지는 실생활 사례가 많다. 트위터가 좋은 사례다. 단 140자로 메시지를 전달해야 하는데, 팔로 어들의 관심을 잡을 헤드라인을 만들려면 상당한 표현상의 절도와 창의 성이 필요하다. 이 상황은 아주 제한적으로 보인다. 실제로 그렇다. 하지 만 시간이 지나면서 사람들은 혁신적인 방법을 발견해낸다. 트위터 사용 자인 나는 종종 내가 하는 일이나 보고 있는 걸 그렇게 적은 글자 수로 어 떻게 묘사할지 전략을 짠다. 하이쿠(17자로 된 짧은 시)나 아주 작은 캔버스 에 그림을 그리듯, 의미 있는 무언가를 전달하려면 정확하게 초점이 맞춰 진 관심과 창의성이 요구된다.

내가 좋아하는 몇 가지 사례를 제시하겠다. 모린 에반스(Maureen Evans) 가 쓴 @cookbook을 팔로잉하면, 140자로 된 레시피를 얻게 될 것이다.

구운 깍지완두&자몽 샐러드: 자몽 껍질 벗기고 토막 썬다. 나온 즙액에 레몬즙 1t+ 꿀+참기름 첨가. 깍지완두 450g+참기름 1t+ 제스트 1/4t에 소금+후추 쳐서 3분 간 굽는다. 한데 버무린다.

t=티스푼
c=컵
제스트(zest)=음식의 향미를 내기 위해 오렌지나 자몽 등의 껍질로 만든 재료

에그스 베를린: 샬롯 3c+올리브오일 1/3c를 약한 불에서 1시간 조린 뒤, 호박 6c 넣고 20분간 부드럽게 만들어 타임 1/4t+레몬즙+마늘+소금+후추 뿌린다. 4장의 호밀흑빵 위에 올려 노릇노릇 구운 뒤 수란 4개와 바질 첨가.

에그스 베를린(Eggs Berlin)=모린 에반스가 직접 개발한 요리
샬롯(shallot)=아열대에서 자라는 백합과의 식물로 양파와 비슷함
타임(thyme)=허브의 일종
바질(basil)=허브의 일종

시저 샐러드: 앤초비 필레 6개+마늘을 잘게 다진 뒤 겨자 같은 것 1t+올리브오일 1/2c 첨가. 계란+레몬즙 휘젓는다. 로메인+파르메 산 치즈가루 1/2c+크루톤 3c 버무리고 레몬즙+소금+후추 첨가.

시저 샐러드(Caesar Salad)=각종 채소에 크루톤과 파르메산 치즈를 곁들인 샐러드
앤초비 필레(anchovy fillet)=지중해산 멸치류 작은 물고기의 살코기 부분
로메인(romaine)=상추의 일종
크루톤(crouton)=수프 등에 넣는 작은 빵조각

또 다른 트위터 사용자인 요나 프레티(Jonah Peretti)는 '당신만의 트위터 모험을 골라라'라는 방법을 고안해냈다. 아주 기가 막히다. 몇 가지 사례를 제시하겠다.

당신만의 트위터 모험을 골라라! RT하면 당신의 팔로어들도 할 수 있다! 행운을 빈다! ⋯ http://bit.ly/Start-The-Adventure

139

당신에게 세상을 구하라는 위험한 미션이 주어졌다! 둘(미션 혹은 휴가) 중 하나를 선택하라 1) http://bit.ly/Accept-Mission or 2) http://bit.ly/Go-On-Vacation

당신은 북한에 침투해 작동 중인 핵폭탄에 군인들 몰래 접근한다. 붉은 전선 아니면 파란 전선을 자를 것인가? 1) http://bit.ly/Cut-Red-Wire 2) http://bit.ly/Cut-Blue-Wire

파란 전선을 자르면 연쇄반응이 시작된다. 맙소사, 그건 안 좋은 거다. 큰일 났다. ⋯ http://bit.ly/Do-You-Survive

만약 제약이 더욱 빡빡해진다면? 6단어라면 어떤가? 어니스트 헤밍웨이는 단 6단어로 자신의 회고록을 쓸 수 있는지 질문을 받은 적이 있다. 그는 다음과 같은 슬픈 이야기로 응답했다. "한 번도 신지 않은 아기신발 팝니다."

이 도전은 〈스미스매거진〉에 의해 자사 웹사이트 방문자들에게 주어졌는데, 그 결과를 모은 책은 베스트셀러가 되었다.[5] 6단어가 얼마나 창조적이며 눈부실 수 있는지 놀랍다. 여기 몇 가지 사례가 있다.

- 쳇바퀴만 돌릴 뿐이네. 쳇바퀴만 돌릴 뿐.
- 내 약혼 기간은 통틀어 단 하루였다네.
- 난 장애가 있다. 하지만 무력하진 않다.

- 크레이그리스트(CraigsList, 온라인 정보교류 게시판)에서 찾은 것: 테이블, 아파트, 약혼녀.
- 취미가 직업이 되었다. 새로운 취미 찾기.
- 게으름이 아니라 내 속도에 맞출 뿐.
- 난 무심한 남자의 사려 깊은 딸이다.

스탠퍼드 '디 스쿨' 창의성 수업의 첫날에, 나는 참가자들의 상상력을 자극하고 그들에 대해 알고자 6단어 회고록을 사용해 자기소개를 시킨다. 빡빡한 제한은 흥미로운 결과를 가져왔다. 일부 사례를 보자.

- 나의 최고 아이디어는 박스포장테이프와 관련 있다.
- 유령들이 더 이상 집까지 따라오지 않는다.
- 두 눈은 뜨고 있지만, 여전히 근시안.
- 난 도전을 거부한 적이 전혀 없다.

: 때론 정반대의 상황이 효과적이다 :
아마존은 어떻게 무료배송을 실시했을까?

일부 경우에 정반대의 접근법을 취하는 것도 큰 이점이 있다. 즉 모든 제약을 없애거나 하나씩 제거하는 것이다. 디에고 피아첸티니(Diego Piacentini)

는 아마존의 국제사업 운영 책임자다. 그의 말에 따르면, 아마존의 디렉터들은 종종 사업 결정을 내릴 때 재정적 제한을 없앤다. 즉 재정적 결과에 대해 신경 쓰지 않아도 된다면 고객을 위해 어떤 특정한 사업 결정을 내릴 건지 묻는다. 그렇다는 대답이 나오면, 심지어 그 결정이 단기적으로 수익을 내지 못하더라도, 실시할 방법을 알아낸다.

가령, 2002년 이전에 아마존은 1년 내내가 아니라 연휴 동안만 자사 상품을 무료로 배송했다. 고객들이 이 제안을 좋아했으며, 배송비가 무료였을 때 더 많은 상품을 산 건 분명했다. 처음 검토했을 때 1년 내내 이런 혜택을 제공할 수 있는 방법이 없었다. 배송비가 비싸기 때문이다. 무료 배송은 소중한 이윤을 갉아먹는다. 하지만 아마존 리더십팀은 재정적 제약이 없다면 할 것인가를 스스로에게 물었다. 그렇다는 대답이 나오자, 그들은 실현시킬 방법을 생각해냈다. 결국 더 많은 고객을 유치해 배송량을 늘림으로써 배송비를 더 낮게 협상할 수 있었다. 모두에게 이득이 되는 결정이었다.

모든 환경은 시간, 돈, 공간, 사람들, 경쟁의 조합을 포함해 각자 제약이 있다. 이런 제약은 당신의 상상력을 예리하게 만들고 혁신을 강화한다. 심지어 자원이 풍부한 상황에서도, 풍부한 자원 없이 도전을 어떻게 처리할지 생각해보는 게 유익하다. 제약은 창조적 에너지를 촉진하고 형성하기 위해 늘리거나 줄일 수 있는 도구이다. 또한 그래야만 하는 도구이기도 하다.

보상

인생 그 자체가 게임임을 이해하라

스웨덴 전철역에는 출구로 나오는 계단과 에스컬레이터가 있다. 대다수 사람들은 에스컬레이터를 탄다. '재미 이론' 기획자들은 에스컬레이터를 타는 것보다 계단을 걷는 걸 더 재미난 것으로 만들기로 결정했다.

그들은 계단을 마치 피아노 건반처럼 바꾸었다. 계단을 걸을 때 당신은 음악을 만드는 셈이다. 다들 에스컬레이터를 그냥 지나치고, 대신에 계단을 달리고 뛰어오르고 춤추는 걸 더 좋아했다.

그들은 또한 공원에 세계에서 가장 깊숙한 쓰레기통을 만들었다. 종이나 병을 던지면 깜짝 놀랄 사운드 효과를 낸다. 마치 물체가 수백 피트 아래로 떨어져 바닥에 부딪히는 것처럼 만든다. 너무 재미나 사람들은 놀라운 소리를 듣기 위해 공원을 다니며 쓰레기를 줍는다.

내가 어렸을 때 우리 가족은 자동차로 국토횡단 여행을 했다. 부모님은 게임을 하면서 우리를 심심하지 않게 해주셨다. 다른 주의 자동차번호판을 찾는 게임이나 풍경에서 미스터리 물체를 찾아내서 하는 게임이었다. 알파벳 A에서 Z까지 연속적인 철자로 시작하는 것들을 찾아내는 게임도 있었다. 뉴욕에서 캘리포니아까지의 긴 여정을 심심하지 않게 보내는 좋은 방법이었다.

대다수 사람들은 게임을 좋아한다. 그리고 어린 시절부터 우리는 게임을 통해 많은 걸 경험한다. 일부는 시간 때우기용의 간단하거나 복잡한 규칙이 있는 게임이다. 가령 제스처 게임과 낱말 맞추기 퍼즐이 있다. 다른 게임들은 우리가 살면서 지키는 규정들처럼 우리 삶의 모든 부분에 '미묘하게·미묘하지'않게 배어 있다. 교실과 사무실과 사회집단마다 규칙이 있듯, 집집마다 규칙이 있을 것이다. 각 환경 자체가 게임으로 여겨질 수 있다. 보상과 처벌은 물론이려니와 각 게임의 '규정'은 이런 환경의 필수적 부분이며 우리의 행동에 커다란 영향을 준다.

우리는 각 환경이 부여하는 다양한 기대들의 미묘한 차이를 즉각 배우고 규정에 순응한다. 당신의 창의성을 강화하고 싶다면, 당신을 비롯해 당신과 같이 일하거나 같이 사는 사람의 창의성을 강화하고 싶다면, 혁신을 격려하는 규정과 보상의 채택에 대해 생각해봐야 한다. 당신의 혁신 엔진을 증강시키기 위해 당신의 환경의 제약과 공간을 조작할 수 있듯, 당신은 더 많은 창의성을 고무하기 위해 규정과 보상을 바꿀 수 있다.

비디오게임의 인기가 대단해지자, 일부 연구원들은 게임 규정과 그것이 행동에 미치는 효과를 전문적으로 연구하고 있다. 그리고 그들의 통찰력은 많은 다른 환경에서 사람들의 행동에 영향을 주기 위한 규정을 설계하는 데 사용된다. 이것은 게임화(Gamification, 어떤 일을 함에 있어 게임을 하듯 몰입할 수 있는 방안에 대한 연구-옮긴이)로 알려져 있다.

: 창의성을 높여주는 피드백과 보상 :
피드백은 자주 이뤄져야 한다

브리스톨대학교의 톰 챗필드(Tom Chatfield)는 게임화를 연구해 사람들이 원하는 활동에 몰두하게 고무시키는 요인들의 목록을 만들어냈다.[1] 어느 조직에든 적용할 수 있도록 일반화된 심리 원칙들에 근거한 것들로, 당신이 창의성을 고무시키고 싶을 때 고려해야 할 중요한 변수들이다.

우선, 챗필드는 사람들에게 어느 게임이든 진전에 대한 정확한 피드백을 자주 주어야 할 필요성을 설명했다. 어떻게 조금씩 더 나아지고 있는지 데이터를 제공한다는 의미다. 가령, 비디오게임에서 플레이어들은 잘하거나 뒤처질 때 신속한 피드백을 주는 자기 점수를 늘 볼 수 있다. 작은 개선이 있으면 점수가 곧 오르는 식으로 플레이어들은 무엇이 효과가 있고 없는지를 금방 배운다. 앵그리버드(Angry Bird) 같은 게임이 크게 성공을 거둔 것이 이를 증명한다. 각 라운드는 불과 몇 초에 불과하며 즉각적인 피드백을 제공한다. 게임 참여자들은 승리 전략을 개발하기 위해 여러 다른 접근법들을 곧바로 손쉽게 실험할 수 있다.

같은 원칙이 전기차에도 사용될 수 있다. 운전자에게 얼마나 효율적으로 운전을 하고 있는지 보여주는 대시보드를 장착한다. 이런 즉각적인 피드백은 운전을 게임으로 만들어 자신들의 운전 태도에서 최고 '점수'를 얻게 바꾼다. 조 노세라(Joe Nocera)는 며칠에 걸친 쉐비 볼트(Chevy Volt) 테스트 운전을 설명한다. 하지만 정말 인상적인 건 따로 있었다. 즉 볼트에는 배터리 수명을 측정하는 게이지 옆에 갤런당 마일을 계산하는 또 다른 게이지가 있다. 사우스햄프턴(Southampton)까지 두 시간 운전하는 동안, 나는 가솔린 2갤런을 사용했다. 내가 진입로로 들어갈 때 갤런당 50마일로 나왔다. 다음 날 밤새 충전한 후에 나는 가솔린을 전혀 사용하지 않았다. 아침에 약 30마일을 운전한 후 집 주위를 어슬렁거리는 몇 시간 동안 재충전했다. (특수한 240볼트 재충전 유닛을 사지 않는 한 완전히 재충전하는 데는 10시간이 걸린다.) 그러자 배터리에 10마일이 늘었다. 배터리 파워만으로 그날 저녁 내가 가야 할 곳에 필요한 양 이상이었다. 내가 알아차리기도 전에 갤런당 마일은 80에 달했다.

다음 날에는 100으로 올라갔다. 나는 곧 갤런당 마일 증가에 매료되었다. 그리고 더 많은 가솔린을 구매하는 걸 꺼리게 되었다. 볼일을 보고 집으로 올 때마다 나는 재충전했다. 심지어 몇 시간이라도 몇 마일이 더 늘어났다. 실제로 나는 내가 가솔린을 얼마나 소비하는지 통제하고 있었고 그건 강력한 기분이었다. 제너럴모터스에 차를 도로 가져다줄 때 나는 원래의 2갤런 외에는 조금도 더 가솔린을 사용하지 않고 300마일을 운전했다. 나는 흔히 말하는 시에라 클럽(세계적인 민간 환경운동단체-옮긴이) 회원은 아니다. 하지만 이것만은 말해두고 싶다. 난 내 자신이 자랑스럽다.

나는 루츠(Lutz)에게 볼트가 준 심리적 효과를 설명하기 시작했다. 그러자 그는 웃으며 "맞습니다"라고 말했다.

"당신에게 계속 점수를 주는 비디오게임을 하는 것과 같지요."[2]

기사의 후반을 보면 노세라는 이렇게 말했다.

"볼트 운전자들은 가솔린을 채워야 하기 전에 1,000마일 혹은 그 이상을 종종 달립니다."

자주 피드백을 주는 것이 우리의 행동에 어떻게 영향을 끼치는지 보여주는 강력한 사례다.

어떤 시도에서든 간에 우리의 행동에 대한 피드백을 얻는다면 얼마나 강력할지 생각해보자. 가령, 레스토랑 서빙 직원과 고객 사이의 관계를 생각해보자. 일부 고객들은 많은 관심을 원하고 반면에 또 다른 고객들은 가만히 내버려두길 바란다. 고객이 자기 기분을 알려주고 얼마나 많은 팁을 줄지 반영하는 모니터(팁 모니터기라 하겠다)를 테이블에 둔다고 생각해보자. 서빙 직원은 자신이 얼마나 잘하고 있는지에 대해 계속 피드백을 받고 거기에 근거해 행동을 조율할 수 있다.

이런 유형의 미세 모니터링은 이제 정치유세에서 흔히 사용된다. 2008년 미국 대선에서 CNN은 버락 오바마와 존 매케인의 논쟁을 방송했다. 화면 아래에는 시청자 반응을 실시간으로 보여주는 그래프가 있다. 선별된 시청자들은 각 후보자의 연설에 대한 반응에 기반해 점수를 주거나 뺄 수 있다. 그 결과가 합산되어 화면 아래에 나타난다.

이 접근법의 정반대는 회사에서 흔히 사용하는 성과 리뷰다. 통상적으로 1년에 한 번 월급과 보너스가 계산되기 전에 실시된다. 이와 같은 어쩌다 한 번의 피드백이 직원들에게 더 큰 스트레스일 뿐만 아니라 창의성을 줄인다. 직원들은 안전하게만 가려고하고 연말에 부정적 리뷰를 받을까 두려워 창조적 일을 꺼린다. 반대로 관리자들이 자주 피드백을 준다면 직원들은 뿌리 깊은 패턴과 기대가 완전히 자리매김하기 전에, 즉각 그들의 행동을 바꿀 기회를 갖게 된다.

: '디 스쿨'의 보상법 :
무작위적으로 소소하게

'디 스쿨'에서 우리는 신속한 피드백을 제공하고 어느 환경에서든 혁신을 강화하도록 고안된 접근법을 사용한다. 거의 모든 수업에서, 교수진과 학생들은 함께 모여 '수업의 좋은 점, 바라는 점, 앞으로의 방향' 논의에 참여한다. 우리는 화이트보드를 설치하고 빙 둘러앉는다. 수업의 좋은 점과, 앞으로 이렇게 했으면 더 낫겠다 싶은 점과, 다음번에 시도해볼 새로운 아이디어에 대해 서로 이야기를 나눈다. 학생들과 교사들 집단은 학기말에 피드백을 기다리는 것과 정반대로 신속한 피드백을 얻고 그 과정에서 변한다. 학기말은 바꾸기엔 너무 늦다. 지난 학기의 내 창의성 수업에서 우리는 10주 과정에 걸쳐 이런 논의를 수차례 했다. 매번 교수진과 학생에 대한 좋은 제안들이 나와 즉각 실행할 수 있었다. 숙제를 내주는 새로운 방식과 프로젝트를 평가하는 개선된 방식도 포함된다. 이런 유형의 피드백은 아주 소중하며 새로운 아이디어로 실험하게끔 모두를 격려한다. 학기말의 급작스러운 부정적 결과를 걱정할 필요 없이, 제대로 된 것과 그렇지 않은 것에 빠른 피드백을 받는다는 걸 알고 있다.

챗필드는 또한 다양한 단기적·장기적 목표를 제공해야 할 필요를 설명한다. 먼 지평의 커다란 목표만이 아니라 그 과정에서 소소한 승리를 거두어야 한다. 게임 세계에 비유하면, 게임을 이기기 위해 무서운 용을 죽이러 가는 과정에서 많은 괴물들을 이겨야 한다. 이 접근법은 학교나 직

150

장에서도 잘 작동한다. 개인들은 수년이 걸리는 기념비적 성과에 도달하거나 어렴풋이 나타난 도전을 처리하는 과정에서 만나는 작은 문제들의 해결책을 찾은 데에도 보상을 받아야 한다.

프로테우스바이오메디컬은 혁신을 보상하는 멋진 '게임'을 창조했다. 즉 저작권을 등록할 때마다 당사자는 고무로 된 작은 뇌를 받는다. 그리고 그것을 커다란 약병에 모아둔다. 자기 이름이 붙은 약병은 각 건물 입구에 다른 병들과 함께 전시된다. 이 뇌는 회사에서 지위의 상징이어서 모두들 자기 약병에 더 많은 뇌를 모으려고 난리다. 회사 창립자인 마크 즈데블릭의 책상 위에는 뇌들로 가득한 병들이 넘쳐 쌓였다. 이 프로그램은 발명가를 인정해주고 효과적으로 혁신을 장려한다.

또 다른 창조적 사례는 새로운 웹 애플리케이션 '리튼? 키튼(Written? Kitten)'이다. 글쓰기를 격려하기 위해 만들어진 애플리케이션이다. 300단어 또는 500단어 같은 특정한 글쓰기 타깃에 도달할 때마다 당신은 새끼 고양이의 새로운 이미지를 보게 된다. 고양이를 좋아하는 사람들에게는 글쓰기의 좋은 인센티브가 될 것이다. 이 프로그램은 '쓰든지 죽든지'라는 애플리케이션에 대한 대응으로 만들어졌다. 글을 쓰지 않으면 처벌하는 이 애플리케이션에 내재된 아이디어는 작가 지망생들에게 두려움을 불어넣는 것이다. 당신은 글을 쓰지 않으면 받게 될 처벌을 설정할 수 있다. 강도가 약한 모드에서는, 일정 시간 글을 쓰지 않으면 친절하게 계속 글을 쓰라고 상기시켜주는 박스가 뜬다. 표준모드에서는, 글쓰기를 멈추면 다시 글을 쓰기 시작할 때까지 상당히 거슬리는 소음을 듣게 된다. 가

미카제 모드에서는, 글쓰기를 멈추면 다시 시작할 때까지 당신이 쓴 단어를 한 번에 하나씩 지우기 시작할 것이다.[3]

당신이 특정한 목표에 도달하기 위해 보상을 선호하든 처벌을 선호하든 간에, 임무의 성공적인 완수만이 아니라 거기에 들인 노력에 대해 인정을 해주는 것이 중요하다. 앞서 말한 두 개의 글쓰기 프로그램이 바로 그렇다. 당신의 작품을 평가하지 않고 오직 쓰는 행위에만 반응하기 때문이다. 이것은 로버트 서튼의 저서 《역발상의 법칙(Weird Ideas that Work)》의 교훈과 맞아떨어진다.[4] 그의 주장에 따르면, 당신이 성공과 실패 둘 다에 보상을 하고 활동하지 않는 것에 대해 처벌할 때 창의성은 강화된다고 한다. 게임뿐만 아니라 창의성에서도 많은 막다른 골목이 나타난다. 그래서 당신은 탐구하고 특정한 접근법이 작동하지 않는다는 걸 알아낸 것에 대해 보상해야 한다. 노력에 적극적으로 보상을 해줌으로써 더욱 탐구를 격려하게 된다.

개입과 탐구는 또한 프로세스에 특정한 불확실성과 놀라운 사건이 포함될 때 강화된다. 동물행동을 연구하는 과학자들은 오래전부터 이걸 알고 있었다. 유명한 심리학자 스키너(B. F. Skinner)는 간헐적·무작위적 보상이 더욱 확고한 행위로 이어진다는 걸 발견했다. 때때로 지렛대를 누르면 과일 조각을 얻거나 그렇지 않다는 걸 발견한 원숭이는 시종일관 지렛대를 누를 것이다. 때때로 노력에 보상이 올 거라는 걸 알고 있으니까. 이러한 심리학적 원리는 라스베이거스에서 사용된다. 도박꾼들은 수 시간 동안 슬롯머신을 하며 무작위적 지급을 기다린다. 우리는 창조적인 일을

152

간헐적으로 인정함으로써 창의성의 강화에 이 원칙을 이용할 수 있다. 창조적 공헌에 대한 예기치 못한 보상, 특히 혁신적인 아이디어에 대해 무작위로 주어지는 특전을 고려하자. 언제든지 예기치 못한 보상이 주어질 수 있다는 걸 알면 창의성이 강화된 작업으로 이어진다.

마지막으로, 이런 효과는 또한 진정한 사회적 관계가 개입될 때 강화된다. 우리는 모두 사회적 동물이다. 그리고 의미 있는 방식으로 남들과 적극적으로 관계를 맺을 기회는, 비범한 일을 하도록 고무시키고 자신의 한계를 넘어서게 밀어붙인다. 멋진 사례는 릴레이 경주에서 볼 수 있다. 내 아들 조시는 서던 캘리포니아대학교의 단거리 주자인데, 릴레이 경주를 할 때면 거의 항상 자신의 개인 기록을 깬다. 팀의 일원이 된다는 게 훌륭한 성과를 내도록 내면 깊숙이 동기부여를 하는 것이다. 이런 효과는 교육기관과 비즈니스 무대와 가정에서 채택될 수 있다. 함께 일하며 성공과 실패를 공유함으로써, 창조적 팀은 혼자서 일하는 데서 생기는 한계를 넘어서게 된다.

: 폭스바겐의 재미 이론 :
창의적 행동을 유발하는 게임의 규칙과 보상

모든 유형의 활동을 게임으로 전환시키면 더욱 몰두하게 되는 것 또한 분명하다. 폭스바겐이 주도하는 '재미 이론(Fun Theory)'이라는 기획안이 있다. 엘리베이터를 타는 것보다 계단을 오르내리는 것, 어지르는 것보다 쓰레기를 치우는 것 같은 일상 허드렛일을 재미난 활동으로 만드는 데에 열성적이다. 가령 스웨덴 전철역에는 출구로 나오는 계단과 에스컬레이터가 있다. 대다수 사람들은 에스컬레이터를 탄다. '재미 이론' 기획자들은 에스컬레이터를 타는 것보다 계단을 걷는 걸 더 재미난 것으로 만들기로 결정했다. 그들은 계단을 마치 피아노 건반처럼 만들었다. 계단을 걸을 때 당신은 음악을 만드는 셈이다. 다들 에스컬레이터를 그냥 지나치고, 대신에 계단을 달리고 뛰어오르고 춤추는 걸 더 좋아했다. 또한 그들은 공원에 세계에서 가장 깊숙한 쓰레기통을 만들었다. 종이나 병을 던지면 깜짝 놀랄 사운드 효과를 낸다. 마치 물체가 수백 피트 아래로 떨어져 바닥에 부딪히는 것처럼 만든다. 재미를 붙인 사람들은 이 놀라운 소리를 듣기 위해 공원을 다니며 쓰레기를 줍는다.[5]

게임은 규칙과 보상의 작은 변화가 창조적 행동에 큰 효과를 낸다는 걸 증명하기에 좋은 방식이다. '디 스쿨'의 수업을 통해, 나는 규칙과 자유가 완벽하게 균형을 이루는 게임을 골라 그런 균형을 바꾸는 것이 창의성에 효과가 있는지 실험해보았다. 나는 미국에서 누구나 아는 게임인 스크래블을 사용하기로 했다. 각 플레이어는 무작위로 7개의 철자를 고른다. 플레이어들은 그 철자들을 보드에 놓고 이것을 사용해 단어를 만들어야 한다. 이미 보드 위에 있는 또 다른 단어에 기반해 만든다. 스크래블 보드는 매우 구조화되어 있으며 분명한 인센티브를 갖추고 있다. 플레이어들은 중앙에서부터 단어를 만들기 시작해 가장자리로 뻗어나가, 트리플 철자를 얻게 되는 곳까지 도달하게 된다. 궁극적으로는 가장자리를 따라 트리플 워드 스코어를 얻는 셈이다. 그 과정에서 플레이어들은 더 작지만 역시 소중한, 더블 철자나 더블 워드 스코어 같은 보너스 보상을 받는다. 그리고 철자 7개를 모두 사용하면 50점의 커다란 보너스가 있다.

나는 수업에 8개의 스크래블 보드를 가져가 학생들에게 게임을 하라고 시켰다. 일단 그들이 익숙해지면 10분마다 게임의 규칙을 바꾸었다. 새로운 규정들의 일부는 가이드라인을 느슨하게 하거나 더 빡빡하게 했다. 가령 규정을 느슨하게 하기 위해, 7개 대신에 9개 철자를 선택하고 사람 이름이나 외국어 단어를 사용하게 허락했다. 규칙을 빡빡하게 하기 위해, 오직 4개의 철자로 된 단어만 더하게 하고, 새로운 단어는 오직 이전 단어에 근거해 만들거나 특정 시간 내에 보드에 더하게 했다.

그 결과는 놀라웠다. 예측대로 내가 규정을 느슨하게 할 때마다 환호성이 들려왔다. 그리고 내가 규정을 빡빡하면 학생들은 신음했다. 하지만 환호성은 오도된 것이었다. 아마 규정이 느슨할 때 플레이어들이 더 많은 점수를 얻고 더욱 창조적일 거라고 생각할 것이다. 하지만 전혀 그렇지 않았다. 학생들은 규정이 타이트할 때 더욱 창조적이고 더 많은 점수를 올렸다. 가령 고유명사를 포함할 수 있게 규정이 느슨해지자, 한 학생은 철자를 아무렇게나 섞어놓고는 미래의 자기 아이의 이름이라고 주장했다. 웃기긴 했지만 모두들 창조적 해결책이 아니라 엉성한 대답이라는 데에 동의했다. 규정이 타이트해지자, 학생들은 더욱 창조적이어야 했고 보드 주변의 경쟁은 무너졌다. 그들은 개인적 목표에 도달하기 위해 함께 일해야 했다. 결국 그들은 전체적으로 더 많은 점수를 획득했다.

결국 학생들은 스크래블의 오리지널 규정이 완벽하게 균형적이며 그렇게 오래 인기를 얻는 이유도 그 때문이라고 느꼈다. 하지만 그들은 규정을 아주 조금 바꾸기만 해도 그들의 경험이 확 달라진다는 것도 깨달았다. 그들이 창조적 팀을 운영하거나 일원이 될 때 사용할 수 있는 민감한 지렛대에 대한 새로운 진가를 파악하고 돌아갔다. 그들은 남들을 고무시키려면, 마음속에서 목표를 완벽하게 이해하고 규정과 인센티브를 적재적소에 배치해야 한다는 걸 깨달았다.

: 의학기술의 혁신을 가져다준 보상 :
FDA의 '고아약' 장려 정책

이런 개념은 모든 벤처와 관련이 있다. FDA는 어떤 장비와 약품이 안전하고 효과적인지 판단하는 책임을 지는 정부기관인데, 제약회사가 특정한 방식으로 행동하게끔 촉구하기 위해 의회가 지시한 인센티브를 실행했다. 대다수 제약회사들은 가급적 많은 사람들이 영향을 받는 질병에 대한 의약을 개발하려고 한다. 개발한 약을 대량으로 팔려는 동기 때문이다. 당연히 그럴 것이다. 신약을 발명하고 테스트하고 선전하고 배포하는 데는 큰 비용이 드니까.

하지만 나는 제약회사들의 상품 출시를 돕는 전문변호사 낸시 아이작

156

(Nancy Isaac)으로부터 정부가 제약회사들이 희귀한 질병의 치료약인 일명 '고아약(Orphan Drug)'을 만들게끔 장려한다는 걸 알았다. 인센티브를 제공하기 위해, 희귀 질환 약을 개발한 제약회사들은 특권을 받는다. 신약을 개발한 회사는 보통 2~3년의 독점권이 주어지는데, 고아약 개발 회사에는 7년간 독점권이 주어진다. 7년 동안 경쟁 없이 약을 팔 수 있는 커다란 인센티브다. 이것은 희귀 질환 약을 전문으로 제조하는 제약회사들의 산업으로 이어졌다.

희귀의약품법의 효과가 좋게 나오자 아동 권익보호 단체들은 의회에 또 다른 방안을 추가하라고 밀어붙이고 있다. 그들은 제약회사들이 아이들에게 영향을 주는 희귀 질환 약에 포커스를 두게 하고 싶었다. 그래서 추가적인 보상을 제안했다. 만일 소아과 시장을 위한 고아약을 만들면 단지 7년간의 독점권만이 아니라 바우처 또는 티켓을 받는다. 이 바우처가 있으면 다음 신약을 개발해 FDA에서 승인을 받기 위해 기다릴 때 남보다 먼저 심사받을 수 있다. 신약 승인을 받으려면 통상적으로 오래 기다려야 하기 때문에 이는 아주 귀한 기회이다. 게다가 바우처는 팔수도 있다. 즉 희귀 아동질환의 약을 만들어내서 바우처를 받으면 자기가 사용하거나 승인을 먼저 받고 싶은 다른 회사에 팔아도 된다. 대형 제약회사들은 기꺼이 수백만 달러를 지불하고 이 특권을 사려고 할 것이다. 즉 바우처를 파는 제약회사에게 거대한 이윤이 된다. 창조적 문제해결을 자극하기 위해 보상을 사용한 멋진 사례다.

다른 경우에 FDA는 혁신을 억제하는 정책을 갖고 있는 것 같다. 미국

157

에서 이런 정책을 바꿈으로써 의학 혁신을 늘리는 도전에 나선 인물은 조시 마코워(Josh Makower)다. 그는 여러 성공한 의학기술 비즈니스를 시작한 기업가이자 엔지니어이며 외과의사다. 조시는 FDA의 현재 상황이 편두통이나 생리통은 물론이고 각종 질환을 도와줄 스텐트(stent, 혈액이나 체액의 흐름을 정상화시키는 데 사용되는 의료자재-옮긴이)나 인공관절과 이식 장비 같은 의료장비의 차세대 진화를 크게 위협한다고 걱정했다.

사실 이런 새로운 장비들의 테스팅과 채택에 대한 제한이 끔찍할 정도로 줄줄이 있다. 이익충돌을 우려한 FDA는 내과의사가 의학기술 혁신을 테스트할 수 있는 방식을 크게 제한하고 있다. 게다가, 어떤 장비들이 승인될지 결정을 내리는 FDA의 직원들은 성공적인 혁신을 승인했다고 해도 어떤 보상도 받지 못한다. 하지만 승인한 장비가 나중에 문제가 되면 처벌의 리스크를 안고 있다. 그 결과 새로운 혁신을 승인하는 걸 꺼린다. 미국에서 발명된 최신 의료장비들은 미국에서 이용 가능해지기 오래전에 이미 국제적으로 공개된다.

조시 마코워 같은 많은 선도적인 의학기술 발명가들은 FDA가 안전과 혁신 사이의 적절한 균형을 달성해, 새로운 의료기술 상품이 시장으로 보다 순조롭게 진출하도록 해달라고 촉구한다. 최근에 조시는 FDA와 의회에서 관계자들과 대화를 하며, 의학기술과 관련된 규정과 보상을 바꾸도록 촉구하는 데 상당한 시간을 보내고 있다.

: 조직의 리더가 쉽게 범하는 잘못 :
창의성을 억압하는 나쁜 규정

성과를 향상시키려고 규정을 갖추지만 정반대로 혁신을 크게 제한하는 것으로 드러난 곳들이 많다. 가장 극적인 사례는 아이라 글래스(Ira Glass)가 진행하는 라디오프로그램 〈미국의 일상(This American Life)〉에서 나타났다. 2004년에 방송된 한 에피소드에 따르면, 아이라 글래스는 도심의 한 초등학교 교사 캐시 라루츠(Cathy La Luz)를 10년에 걸쳐 시카고에서 취재했다.[6] 그녀는 아이라가 1993년 시카고 공립 라디오에서 교육을 담당했을 때 만났던 가장 인상적인 교사였다. 그녀는 2학년 학생들을 사랑했고 학생들도 그녀를 좋아했다. 하지만 10년 후 그녀는 교사직을 관두기로 계획했다. 아이라 글래스는 무슨 일이 일어났는지 알아보기 위해 학교로 되돌아갔다. 그는 1994년 학교와 2004년의 같은 학교를 비교했다. 그 차이는 엄청났다.

1994년 워싱턴어빙초등학교는 시범학교였다. 재정은 풍족하지 않지만 학교 집행위원들은 계획이 있었다. 즉 아이들이 학교에 와서 배움을 즐기길 바랐다. 그러기 위해 교사들에게 많은 자치권과 교실에 대한 통제권을 주었다. 캐시 라 루츠 같은 교사들은 학생들이 읽고 쓰는 걸 배우도록 돕기 위해서라면 뭐든 마음껏 시도할 창조적인 기회가 있었다. 학부모와 자주 만나고 아이들과 강한 유대를 맺을 수 있었다. 교사와 학생들은 함께 실험하고 배울 자유에 행복해했다. 학생들은 배우길 갈망하고 학교에서 행복해했다.

하지만 10년간의 이 성공적인 전략이 9개월 만에 무너져 내렸다. 새로운 부임한 교장이 책임을 늘리기 위한 규정을 제정하기 시작했다. 사실은 교사와 학생에게 동기를 부여했던 창조적 환경을 부숴버린 것이다. 새로운 규칙에 따르면 교사들은 날마다 세세한 수업 계획을 짜고, 매 수업 전에 특정한 커리큘럼 가이드라인과 참조들로 가득한 칠판에 특정한 학습 목표를 써야 한다. 학교의 긍정적 환경은 이런 제한과 가이드라인의 무게에 무너졌다. 그리고 캐시 라 루츠 같은 훌륭한 교사들은 울면서 교직을 떠나기로 마음먹었다.

이런 상황은 너무 흔하다. 성과를 향상시키려는 목적으로 많은 규정들이 만들어지지만 실제로 결과는 정반대다. 종종 통제적이며 무엇보다 창의성을 억압한다. 그러므로 당신은 새로 들여온 각 규정의 결과를 잘 인식해야만 한다. 인간은 규정에 너무 민감해 심지어 작은 규정 변화도 행동에 큰 영향력을 행사한다.

미국의 대다수 학생들에게 영향을 끼치는 대학 지원 과정을 생각해보자. 지망생들은 대학교가 원하는 것을 정확하게 알고 이러한 기대에 맞추어 자신의 삶을 꾸린다. 미국 학생들은 학교가 자신의 성적과 SAT나 ACT 점수를 살피고, 기다란 방과후활동 목록을 기대한다는 걸 안다. 따라서 학생들은 방과후활동 포트폴리오를 만들고 완벽한 후보자의 프로파일에 맞추기 위해 벼락치기 공부를 한다. 많은 학생들은 심지어 대학교에 자신을 부각시킬 계획을 짜는 걸 도와줄 코치들을 고용하기도 한다.

반면에 대학들도 성적표를 갖고 있다. 많은 학생들이 지원하고 지원자들 중 아주 낮은 비율만 받아들인다면, 그리고 상당 비율의 학생들이 입학 허가를 받아들인다면, 더 높은 순위를 받게 된다. 이것은 대학들의 수익률인 셈이다. 따라서 대학들은 적극적으로 홍보하고 가능한 많은 지원자들을 받으려고 한다. 더 많은 학생들이 지원할수록 입학 확률은 낮아진다. 심지어 학생들을 더 많은 학교들에 지원하게 만든다. 이런 생태계에서 다들 규정과 보상을 안다. 그리고 그들은 측정치를 최대화하기 위해 자신들의 행동을 바꾼다.

다른 나라에서는 대학 입학 과정이 매우 다르다. 그리고 지망생들은 그에 따라 반응한다. 가령, 칠레 학생들은 SAT에 상응하는 시험을 매년 하루 동안에 치른다. 이 시험 점수가 학생을 평가하는 유일한 결정요소다. 시험을 치르는 모든 학생들은 등수가 매겨지고 그 등수에 따라 어느 대학에 입학할지 고르게 된다. 상위권 점수를 받은 학생들이 제일 먼저 뽑힐 것이다. 지망생들은 오직 이 시험에만 포커스를 둔다. 중요하면서도 유일한 변수이기 때문이다. 그리고 높은 점수는 입학하고 싶은 대학을 고를 기회를 준다. 그들은 무엇이 측정되는지 알고 그에 따라 행동한다. 모든 환경에서 당신은 당신이 보상하는 걸 얻는다. 스탠퍼드 공대의 학장인 짐 플루머(Jim Plummer)는 다음과 같이 말했다.

"대학교수진을 이끄는 것은 고양이들을 무리짓는 것과 같다. 그리고 내 업무의 일부는 우리의 전략적 계획을 지원하도록 고양이 먹이를 옮기는 것이다."

그는 각 교수들이 추구하고자 선택한 목표보다 더 큰 대학의 목표를 지지하는 활동에 몰두하게끔 인센티브를 갖춘다. 예를 들어 새로운 리서치 제안을 개시함으로써 교수진이 정기적으로 스스로 재발명하는 게 중요하다. 이렇게 하도록 격려할 한 가지 방법은 미지의 리서치 영역을 탐구하길 원하는 사람들에게 종잣돈을 제공하는 것이다. 이런 인센티브는 흥미진진한 새로운 리서치 제안들로 이어진다. 상당수 제안들은 이런 유인이 없었다면 발생하지 않을 것이다.

만일 당신이 각 개인들이 창조적이길 원한다면, 인센티브가 그런 목표와 조화를 이루는 환경을 디자인해야 한다. 만일 당신이 새로운 아이디어를 내는 팀을 원한다면, 창의성이 중시된다는 걸 보여주는 피드백을 제공해야 한다. 만일 당신의 조직이 빤한 답을 넘어서고 싶다면, 인생의 모든 것이 게임이라는 걸 이해하고 장단기 목표에 대한 독창적인 해결책에 보상을 주는 규정을 만들어야 한다.

162

팀플레이

한 명의 천재에 환호하던 시대는 끝났다

'6개의 생각 모자' 모델은 우리가 팀에서 연기하는 6가지 역할을 설명하고 각 역할의 이점을 보여준다. 사실에 근거하고 논리적인 사람은 흰색 모자를 쓴다. 새로운 아이디어 창출에 가장 편안해하는 사람은 초록색 모자를 쓴다. 의사결정에 직관을 사용하는 사람은 붉은색 모자를 쓴다. 정리정돈을 잘하고 과정 지향적인 사람은 파란색 모자를 쓴다. 어떤 게 효과가 없는지 발견하는 이의제기자는 검은색 모자를 쓴다. 모두를 만족시키길 갈망하는 사람은 노란색 모자를 쓴다.

만일 당신이 에베레스트산 정상에 올라가려고 계획한다고 생각해보자. 당신은 이런 유형의 원정에는 공식이 있다는 걸 발견할 것이다. 말 그대로 한 달의 준비 기간이 필요하다. 대규모 팀이 산을 올라가는 길 곳곳에 여러 캠프를 세워둔다. 캠프를 설치하기 위해 더 높은 고지로 수차례 올라갔다가 다시 내려오면서 그들은 높은 고도에 천천히 적응한다.

산 아래 베이스캠프에는 텐트, 침낭, 음식, 산소통, 연료를 비롯해 4톤의 장비가 있다. 다른 세 캠프는 정상에 가까워질수록 장비가 점점 더 적어진다. 네 번째이자 마지막 캠프는 산 정상으로 최종 등반을 할 소수만이 단기간 머무를 수 있게 만들어진다. 대다수 경우에 전체 팀은 대략 10명의 등반가와 5명의 훈련된 셰르파로 구성된다. 셰르파가 장비의 대부분을 나른다. 일단 모든 캠프가 차려진 뒤에는 몇몇 등반가들과 한두 명의 셰르파만이 정상까지 등반한다. 그러고는 전체 팀이 성공한 것으로 선언한다. 이 과정은 전 세계에서 산을 오르는 사람들에 의해 수백 번 반복된다. 각종 극한 환경으로의 여정의 근간이다.

: 누가 에베레스트 정상에 오를까? :
세계적 등반가 로드리고 호르단의 획기적 결정

"다르게 할 순 없을까?"

이건 바로 로드리고 호르단(Rodrigo Jordan)이 직면한 질문이었다. 그는 남미 출신으로는 처음으로 에베레스트산 정상에 올랐다. 노련한 등반가인 로드리고는 에베레스트산 바로 옆의 로체(Lhotse)산 정상으로 원정대를 이끌고 있었다. 이 도전적인 산은 8,516미터 높이로 8,948미터의 에베레스트산보다 불과 몇 백 미터 낮다. 그와 팀이 모든 캠프를 다 차리고 정상으로의 최종 등반에 나설 때 대답해야 할 중요한 질문이 있었다. 즉 정상까지 최종적으로 누가 올라갈 것인가?

대다수 경우에 그런 질문에는 빤한 답이 나온다. 즉 가장 실력 있는 등반가가 최종 등반할 기회를 갖는다. 하지만 로드리고는 모든 등반가와 셰르파들이 시도해도 될 정도로 상태가 좋다는 팀 닥터의 의견을 들었다. 게다가, 다들 정상에 올라가고 싶어했다.

원정대는 에베레스트를 등반한 경험이 있는 사람들과 처음으로 히말라야 등반에 나선 사람들로 구성되어 있었다. 이런 등반을 다시 할 것 같지 않은 사람들과, 또 다른 기회가 있을 것 같은 사람들이 있었다. 소수 등반가만이 정상 등반을 할 정도로 상태가 좋은 게 통상적이다. 사실 전원이 정상으로의 최종 여정을 할 수 있는 상태에다 열정까지 가진 경우는 아주 이례적이었다.

누가 정상에 올라갈지 정하는 건 리더인 로드리고에게 달렸다. 그는 전에 결코 하지 않았던 걸 하기로 결정했다. 이런 도전적인 원정을 이끈 사람들이 좀처럼 하지 않았던 것 말이다. 그는 참가자들을 모두 불러 모은 뒤 생각을 물었다.

"누가 정상에 오를 기회를 가져야 한다고 생각하나?"

각 산악인을 포함시키는 것의 장단점을 논하던 오랜 논쟁 끝에, 팀의 막내이자 다들 키코(Kiko)라고 부르는 에우제니오 구즈먼(Eugenio Guzman)은 과감한 아이디어를 내놓았다. 그는 모두 정상에 가자고 제안했다. 이것은 급진적인 제안이었다. 정상으로의 등반은 너무 위험해서 한 명씩 추가될 때마다 전체 집단에 상당한 리스크가 더해진다. 로드리고 역시 잘 알고 있었다. 그는 에베레스트산 정상에 올랐던 이전 등반에서 친한 친구를 잃었다.

하지만 로드리고는 기꺼이 키코의 의견을 경청했다. 등산장비와 보급품 이동의 관점에서 괜찮을지 토론한 후에, 로드리고는 15명의 등반가와 셰르파 전원에게 정상에 갈 기회를 주기로 결정했다. 한 팀이 정상에 오르고 두 번째 팀은 다음 날 따를 것이다. 이 결정에 대한 애초의 자신감에도 불구하고, 첫 번째 팀이 정상에 도달한 후 로드리고는 자신의 선택에 의문을 가졌다. 두 번째 팀의 등반을 포기해도 이 미션의 성공을 선언할 수 있었다. 로드리고는 또다시 상황을 평가한 뒤 계획대로 밀어붙이기로 했다. 그는 두 번째 팀이 정상에 올라갔다 내려올 때 네 번째 캠프에서 기다리고 있었다. 팀원 모두의 목표를 염두에 두고 전통적인 가정에 도전함으로써, 그는 모든 등반가들이 정상의 짜릿함을 경험할 방법을 찾아냈다.

로드리고는 항상 팀 전체에 대해 생각하고 집단의 성공에 각자가 얼마나 공헌하는지를 평가한다는 점에서 뛰어난 리더다. 등반가들과, 멀리서 등반하러 온 사람들을 지원하는 스태프로 여겨지는 셰르파들을 포함해서 말이다. 참여자로든 혹은 리더로서든 간에, 당신의 팀에서 최대 성과를 뽑아낼 수 있는 능력은 팀의 사기를 드높이고 생산성과 창의성을 크게 늘린다. 하지만 이것이 벌어지는 환경을 창조하는 일은 말이 쉽지, 실제로는 만만치 않다.

어느 집단이든 각자 매우 다른 개인적 관점, 작업 스타일, 목표를 들여온다. 또한 우리는 도전적인 상황에 처하기 전에는 팀원들이 무엇을 원하는지를 안다고 생각했다가, 막상 그러한 상황에서 필요한 기질과 스킬이 보다 안정적인 시기에 중시되었던 기질과 스킬과는 완전히 다르다는 걸 종종 깨닫는다. 가령 로드리고 호르단은 심리학자에게 로체산에 올라가기 전후에 등반 팀을 조사해달라고 했다. 놀랍게도, 등반하기 전에 가장 자신감을 보인 등반가들의 목록은 등반 후 조사했을 때의 목록과는 전혀 달랐다. 이것은 당신이 팀원들을 제대로 이해하고 그들이 다양한 상황에서 어떻게 행동할지 예측할 수 있어야 한다는 걸 강력하게 상기시킨다.

나는 극한의 압박을 받는 상황에서 팀 역학을 테스트하기 위해 히말라야에 학생들을 데려갈 자원이나 시간이 없다. 대신에 효율적인 팀을 꾸려 함께 일하는 중요성을 증명할 대안적 방법을 찾았다. 다행히도, 하버드 경영대학원이 고안한 게임이 있다. 바로 에베레스트산 정상까지의 등반을 시뮬레이션한 것이다. 각 팀은 5명으로 구성되며 목표는 정상까지 올라가는 것이다. 그 과정에서 5개의 캠프 또는 이정표에 도착한다. 이 컴퓨터 시뮬레이션에서 각 팀은 리더, 의사, 사진사, 환경보호주의자, 마라토너로 구성된다.

에베레스트산 중간중간에 있는 각 이정표에서 참여자들은 건강, 일기예보, 남기고 갈 보급품의 수를 비롯해 많은 중요한 변수들을 평가해야 한다. 또한 기상악화와 의학적 긴급사태를 비롯해 예기치 못한 도전들에 직면한다. 각 단계에서 많은 결정들이 내려져야 한다. 제한된 자원을 어떻게 배분할지, 집단에 속도를 맞추기 위해 고군분투할 때 어떤 플레이어가 뒤에 남겨져야 할지를 비롯해서 말이다. 게다가, 일상에서처럼 각 플레이어들이 갖고 있는 일부 개인적 목표는 정상에 도달하려는 전체의 목표와 충돌한다.

에베레스트 시뮬레이션은 60분 동안 진행된다. 시뮬레이션이 끝나면 그 과정에서 일어난 일들에 대해 1시간 동안 토론한다. 이 짧지만 극적인 게임은 임무, 충돌하는 목표, 그 과정에서 예기치 못한 사건이 주어질 때 팀이 직면하는 다양한 범위의 토픽들을 드러낸다. 게임의 끝 무렵이면,

서로 갖고 있는 모든 정보를 공유하고 공통되거나 충돌하는 관심사를 드러내며 효율적으로 소통한 팀들이 훨씬 성공한다는 게 분명하게 드러났다. 또한 특히 심한 스트레스를 주는 과제에서는 팀워크가 정말로 힘들다는 걸 상기시킨다. 임무를 맡을 단순 노동자가 더 많아지는 것은, 나름대로 이점이 있긴 하지만 모두를 조율하고 올바른 방향으로 움직이게 하는 건 도전이다.

: 스탠퍼드 '디 스쿨'의 6개 생각 모자 :
전통적인 창의성 수업 코스

사람들을 창조적인 팀에서 일할 채비를 시킬 효과적인 도구들이 많다. 내가 좋아하는 한 가지는 '6개의 생각 모자' 모델이다. 수평사고(lateral thinking, 水平思考)라는 개념을 발명해 유명해진 에드워드 드 보노(Edward de Bono)가 개발한 모델이다. 우리가 팀에서 연기하는 6가지 역할을 설명하고 각 역할의 이점을 보여준다.[1] 나는 이런 도구를 창의성 수업에서 일찍부터 사용해왔다. 학생들이 수업 그리고 인생에서 의지할 수 있는 체계적인 도구를 얻을 수 있기 때문이다.

드 보노의 모델에서, 우리가 팀에서 연기하는 6가지 모델은 각기 다른 색깔의 모자로 대표된다. 대다수 사람들은 우세한 한 가지 색의 모자를 쓰고 한두 가지 다른 색깔의 모자는 근처에 둘 것이다. 여기 사례가 있다.

- 사실에 근거하고 논리적인 사람은 흰색 모자를 쓴다.
- 새로운 아이디어 창출에 가장 편안해하는 사람은 초록색 모자를 쓴다.
- 의사결정에 직관을 사용하는 사람은 붉은색 모자를 쓴다.
- 정리정돈을 잘하고 과정 지향적인 사람은 파란색 모자를 쓴다.
- 어떤 게 효과가 없는지 발견하는 이의제기자는 검은색 모자를 쓴다.
- 모두를 만족시키길 갈망하는 사람은 노란색 모자를 쓴다.

이 모델의 가치를 증명하기 위해, 나는 학생들에게 자신의 우세한 작업 스타일을 판단하기 위한 짧은 테스트를 시킨다. 테스트가 없어도 대다수 사람들은 자기가 어떤 색의 모자를 전형적으로 쓰는지 알고 있다. 나는 학생들에게 각자 모자의 색에 어울리는 셔츠를 입고 수업에 오라고 한다. 그래서 학생들은 그들이 작업 스타일의 전체 스펙트럼을 대표한다는 걸 쉽게 알 수 있다. 나는 각기 다른 우세한 작업 스타일을 가진 6명의 학생들에게 모자를 착용시켰다. 각 학생에게는 각각 색이 다른 6개의 부착용 술이 달린 진짜 모자가 주어졌다. 2시간의 수업 동안, 학생들은 모자의 꼭대기에 당시 연기하는 역할이 뭐든 그걸 나타내는 색깔의 술을 단다.

팀에겐 완수해야 할 임무가 주어지고 가능한 해결책을 논의하는 동안 각자 다른 역할을 연기해보는 기회를 얻게 된다. 우선 다 같이 같은 색의 모자를 쓰면서 시작한다. 흰색으로 시작해, 초록색, 그 다음에는 파란색 등의 식이다. 후반에는 학생들이 가장 편안하게 느껴지는 것과 가장 어색하게 느껴지는 것으로 실험을 하면서 모자 색을 자기 마음대로 바꿀 수 있다. 그들은 팀에서 자신이 연기하는 역할에 대한 공유된 단어를 획득했다. 그리고 모자 술을 바꾸는 것만큼이나 쉽게 역할을 바꿀 수 있다는 걸 깨달았다.

6개의 모자 모델은 각종 유형의 집단 업무를 위한 유용한 단어를 제공한다. 가령 한 팀은 브레인스토밍의 초반에 아이디어 창출을 위해 모두 초록색 모자를 써야 한다고 명확하게 말했다. 이것은 통상적으로 초록색 모자를 쓰지 않고 아이디어가 창출된 뒤에 평가하는 것이 더 편안한 사람들에게 매우 중요한 일이다. 후반에 당신은 프로젝트의 다음 단계 계획을 세우기 위해 파란색 모자를 써야 할 거라고 분명하게 말할 수 있다. 그리고 리스크 평가 동안에는 잘못될지도 모를 곳을 보기 위해 모두 검은색 모자를 쓰게 한다.

나는 내 인생에서 이 도구를 좀 더 일찍 도입했더라면 좋았을 것이라고 생각한다. 종종 남들도 내가 생각하듯 생각한다는 사고의 흔한 함정에 빠지기 때문이다. 나와 매우 다른 관점과 프로세스로 문제에 접근하는 사람들과 일하는 것은 놀랍기도 하고 종종 실망스럽기도 하다. 나는 그들의 관점을 이해하지 못했고, 그들도 나를 이해하지 못하는 것처럼 느껴진다. 나는 거의 항상 초록색 모자를 쓰고 파란색과 노란색 모자는 가까이에 둔다. 그 결과, 나는 내게는 어색한 검은색 모자나 붉은색 모자를 쓴 사람들과 일하는 방법과, 적절한 때에 그것을 쓰는 법을 배워야만 했다. 교사와 동료로서 일터에서도 나는 이것이 소중한 도구임을 발견한다. 그들이 어떤 색의 모자를 자연스레 '쓰는지' 앎으로써 왜 그들이 그렇게 행동하는지에 대한 이유를 더 잘 납득하게 되었다.

나는 수년 동안 6개 모자 모델을 사용해왔고 시간이 지나면서 학생들과 각 분야의 전공생들이 특징적인 색의 모자를 쓰는 걸 보아왔다. 자신의 접근법이 가장 중시되는 학부에 끌리거나, 특정한 전공이 특정한 작업 스타일을 강화시킨 것일 수도 있다. 가령 전기공학을 공부하는 학생들은 흰색 모자를 쓰곤 하는데 많은 데이터 조작에 잘 적응한다. 대다수 경영대학원 학생들은 파란색 모자를 쓰고 프로젝트와 과정을 관리하는 데 매우 편안해한다. 드라마와 문학학부에서는 붉은색 모자들이 우세하다. 새로운 예술을 창조할 때 그들의 감정에 의지하는 게 편하기 때문이다. 아이디어를 창출하기 위해 여러 학부의 사람들을 한데 불러 모으는 게 아주 유용한 이유들 가운데 하나다. 그들은 다른 지식만이 아니라, 다양한 접근법과 작업 스타일을 가져온다.

: 창의적인 결과물을 만드는 팀 구성은? :
관리자의 융화 기술이 차이를 만든다

어떤 식으로 준비를 했든지 간에, 거의 모든 팀들이 이러저런 도전에 직면한다. 스탠퍼드 '디 스쿨'에서 우리는 심리학자를 스태프로 고용했다. 스태프의 임무는 문제가 출현할 때 문제해결을 돕고 흔한 함정에 빠지지 않게 하기 위해 팀 역학을 돕는 것이다.

디쉬링크(d.shrink)로 알려진 심리학자 줄리앤 고로드스키(Julian Gorodsky)는 수업을 하면서 다양한 해결책이 있는 문제와 씨름할 때 걸림돌에 부딪히는 팀을 지도한다. 줄리앤과 팀은 팀의 소통도구들을 계속 개발해 테스트하고 있다. 가령 그들의 업무 관계를 평가하고 증진시키기 위해 채워넣는 체크리스트가 있다. 이런 도구를 사용하는 팀은, 일단 팀 역학을 연마하면 서로 더 잘 지낼 뿐만 아니라 창조적 산출이 더 활발해진다는 걸 알게 된다.

여기에 줄리앤의 체크리스트의 몇 가지 샘플 질문을 제시하겠다.

- 당신은 당신의 팀 프로세스의 평가와 성찰을 위해 시간을 내는가?
- 당신은 팀이 압박감에 시달릴 때 함께 자리를 지키는가?
- 당신은 업무의 양을 비교적 공평하게 나누는가?
- 당신은 문제에 대한 책임을 남에게 전가하지 않고 스스로 지는가?
- 당신은 개인적 · 직업적 차이를 존중하는가?

여러 유형의 팀들의 산출을 비교하는 팀 역학에 대한 저술은 방대하다. 그에 따르면, 각 유형의 임무마다 거기에 맞는 유형의 팀이 있는 건 분명하다. 〈뉴요커〉의 '제과 콘테스트'라는 제목의 기사에서, 말콤 글래드웰은 어떤 유형의 팀이 가장 창조적인지 알아보기 위해 고안된 멋진 실험을 설명했다.[2] 그는 식품과학자인 스티브 건드럼(Steve Gundrum)이 어떻게 세 팀을 구성해, 이들이 건강에 좋고 맛도 좋은 쿠키를 만드는 것을 목표로

6개월간 같이 일하게 했는지 살펴보았다. 첫 번째 팀은 두 명의 전문가로 구성되었다. 두 번째 팀은 위계서열적 구조로, 두드러진 한 명의 리더에 의해 관리되었다. 세 번째 팀은 대규모 전문가들의 집합으로 이 실험에서 '드림팀'으로 알려졌다. 이 마지막 팀은 여러 명의 전문가들이 서로의 아이디어 위에 새로운 아이디어를 구축하는, 오픈소스 소프트웨어 설계 모델에 근거했다. 사람들은 이 마지막 드림팀이 만들어낼 결과물에 대한 기대가 무척 컸다.

당선된 쿠키는 두드러진 한 명의 리더가 관리한 두 번째 팀이 만들어냈다. 비록 드림팀이 풍부한 아이디어들을 창출했지만 참여자들 간에 불화와 갈등이 너무 커서 그 경험은 결국 팀원들 모두에게 큰 스트레스로 작용했다. 미리 그들의 창조적 과정에 대해 시간을 들여 얘기를 나누고, 팀에서 각자의 역할에 대해 생각하고, 과정을 수행하는 동안 역할을 서로 바꾸어야 할 때를 논의했다면 드림팀의 결과는 어떻게 달라졌을까?

어떻게 집단들이 창조적 도전을 다루는지 알 수 있는 다른 실험이 있다. 바로 '마시멜로 도전'이다. 각 팀에게 18분을 주고 20개의 스파게티 가닥, 1야드의 줄, 1야드의 박스포장 테이프, 하나의 마시멜로로 가장 높다란 구조물을 만들라고 한다. 그리고 마시멜로는 완성된 구조물의 꼭대기에 놓여야 한다.

수상 경력이 있는 디자이너이자 혁신가인 톰 우젝(Tom Wujec)은 어린 아이부터 고위 중역까지 전 세계의 수천 명과 이런 훈련을 했다. 이 간단한 훈련은 가능한 해결책이 무수한 창조적 도전과 씨름할 때 빠지는 일관

된 함정을 드러냈다. 그리고 단 몇 분 안에, 일부 유형의 팀이 남들보다 창조적인 해결책을 구상하는 데에 더욱 능숙한 게 분명히 나타난다.

이 도전에서 최악의 성과를 보인 집단은 경영대학원을 갓 졸업한 학생들이었다. 우젝이 말하듯이, "그들은 싸웠다. 그들은 속였다. 그들은 어설픈 구조물을 만들었다." 그들은 계획에 너무 시간을 들이고 보스가 되기 위해 술수를 써서 결과는 형편없었다. 그는 노련한 CEO들이 이 도전에서 상당히 좋은 성과를 낸다는 걸 발견했다. 중역 관리자가 팀에 더해지면 훨씬 더 나아진다.

"관리자의 융화 스킬이 큰 차이를 내는 것 같다. 적절한 타이밍을 제시하고, 소통을 향상시키고, 아이디어를 타가수분하는 것은 팀의 성과를 상당히 증진시킨다."[3]

: 가벼운 시도가 장려되는 즐거운 환경 :
게임을 하듯 재밌는 팀플레이가 중요

여기서 나는 아이들이 마시멜로 도전을 멋지게 해낸다는 걸 짚고 넘어가야겠다. 그들은 재료를 가지고 즐겁게 놀면서 최고의 해결책을 발견할 때까지 많은 접근법과 원형으로 실험한다. 사실, 놀이는 성공적인 창의적 팀들에게 중요한 변수다. 간단히 말해 놀이를 할 때 당신은 재미난 시간을 보내는 것이다. 재미난 시간을 보낼 때 당신은 자신과 일에 대해 더 기분이 좋아진다. 그리고 더 기분이 좋으면 당신은 더 창조적이고 더 많은 걸 전달한다.

〈인크레더블〉과 〈라따뚜이〉를 제작한 픽사의 브래드 버드(Brad Bird)의 말을 들어보자.

> 영화 예산에 가장 중대한 영향을 미치는 것(그러면서도 예산에는 전혀 포함되지 않는 것)은 직원 사기다. 사기가 낮다면 1달러를 쓸 때마다 25센트의 가치를 얻을 것이다. 사기가 충만하다면 1달러를 쓸 때마다 3달러의 가치를 얻을 것이다. 회사는 사기에 훨씬 더 관심을 기울여야 한다.[4]

마셜 로사다(Marcial Losada)는 팀 역학에 대한 긍정적/부정적 상호작용의 영향에 대해 광범위한 연구를 했다. 그는 하이퍼포먼스 팀에서 긍정적 상호작용과 부정적 상호작용의 최적 비율이 5대 1임을 발견했다. 이것은 '로사다 비율'로 알려져 있다. 하이퍼포먼스 팀은 그 비율이 5를 넘어서는 것으로 발견되었다. 그리고 미디엄퍼포먼스 팀들은 약 2의 비율이며 로우퍼포먼스 팀들은 1에 훨씬 못 미쳤다.[5]

놀이는 팀원들 간의 긍정적 상호작용을 창조하는 한 방법이다. 이것은 시시한 일들을 하며 시간을 보내야 한다는 의미가 아니다. 실험과 가벼움이 격려되는 즐거운 환경이어야 한다는 의미다. 나는 과정을 재미나게 만들기 위해 거의 모든 걸 게임으로 만들기를 좋아한다. 가령, 나는 창조적 조직에서의 문화의 범위를 보여주기 위해 만들어진 워크숍을 운영한다.

그 주제에 대해 강의를 하거나 중역진에게 회사를 혁신적으로 만드는 것에 대한 이야기를 15분 정도 해달라고 요청함으로써 목적을 달성할 수 있다. 대신에 나는 다양한 범위의 혁신적 회사들의 여러 중역들로 게임 쇼를 진행하는 데 그 시간을 사용한다. 수업은 두 팀으로 나누어지고 나는 방문객 패널에게 고용, 팀 역학, 창의성 도구에 대한 질문들을 비롯해서 각자 회사의 문화에 대해 묻는다. 그들은 진실 혹은 거짓을 말할 수 있다. 여기서부터 재미있어진다. 학생들 팀은 어떤 대답이 사실이고 거짓인지 판단하는 참가자들이다.

대답은 항상 흥미롭고 대개 놀랍다. 모두 한바탕 게임을 하고 즐거운 환경에서 훨씬 더 많은 걸 배운다. 같은 토픽에 대한 사실들로 가득한 강의를 들어야 할 때보다 말이다.

이런 접근법은 노스웨스턴대학교의 마크 비먼(Mark Beeman)이 이끈 최근의 신경과학 리서치에 의해 뒷받침된다. 개인들이 긍정적인 분위기에 있을 때 복잡한 문제들을 풀 가능성이 많다는 것이 뇌 대상피질에서의 활동을 측정한 결과 증명되었다.[6] 한 연구에서 대학생들은 로빈 윌리엄스 특유의 짤막한 코미디를 비디오로 봤는데, 무섭거나 지루한 비디오를 미리 본 학생들보다 단어 연상 퍼즐을 훨씬 더 잘 풀었다.

창조적인 일의 상당수는 팀에서 일어나기 때문에, 우리는 사람들을 효율적인 팀 플레이어로 준비시켜야 한다. 불행히도 이것은 우리의 교육 체계 안에서 좀처럼 구현되지 않는다. 나는 최근에 아이들이 학교에서 컨닝하는 방법에 대한 기사를 읽었다. 나는 마음을 진정시키며 무시무시한 위반의 긴 목록을 읽었다. 반쯤 읽다가 나는 대부분의 금지된 행동에 남들과의 협력이 개입된다는 걸 깨달았다! 창의성을 늘리고 싶다면, 학생들이 각자가 할 수 있는 것에 대한 통찰력을 얻고, 모두가 공헌할 수 있는 건설적인 팀에서 일하게 격려해야 한다. 이것은 교실 경험과 우리가 성공을 측정하는 방식을 바꾸어야 한다는 의미다.

학교는 학생들이 남들에게서 쉽게 베낄 수 있는 사실을 암기하는 법이 아니라 창조적 사고가 되는 법을 가르쳐야 한다. 그리고 학업평가에서 '올바른' 정답이 없는 문제들을 주어야 한다. 팀워크를 요구하는 도전을 주고 이런 문제를 해결하기 위해 필요한 재료는 뭐든 이용 가능하게 해야 한다. 학생들은 관련된 다른 도전을 상대할 수 있다는 자신감을 얻고 매번 시험장에서 나와야 한다. 그리고 그 과정에서 생기는 문제들의 해결책을 찾기 위해 가능한 모든 자원을 찾아보는 것이 '컨닝'하는 것이라고 느껴지지 않아야 한다.

팀으로 일하는 운동선수와 음악가들을 비롯해 협력에 노련한 사람들은 어떻게 리드하고 언제 따를지, 그리고 더 큰 공동의 목표를 위해 개인적 목표를 언제 어떻게 희생해야 하는지 안다. 우리 대다수에게 이런 교육은 인생 후반에나 오게 된다. 협력이 요구되는 상황에 집어던져지고 그에 대한 대비가 전혀 안 되어 있을 때다. 많은 사람들이 이런 스킬을 전혀 습득하지 못한다.

팀워크는 당신이 혁신을 부양하는 조직을 만들고자 할 때 아주 중요하다. 테이블에 다른 관점을 가져오는 사람들, 다른 작업 스타일을 존중하는 사람들, 그 과정에서 갈등을 해결하는 사람들로 팀을 구성해야 한다. 좋은 팀은 적절한 수준의 유쾌함을 갖고 있으며 긍정적 피드백을 제공한다. 효율적인 팀들이 들어선 환경은 집단의 창의성을 강화하기 위해 환경의 다른 모든 요인들을 극대화할 수 있다.

CHAPTER

9

실험

리스크를 감수하고
기꺼이 도전하는 분위기,
어떻게 만들까?

어떻게 리스크를 기꺼이 감수하면서 실험을 장려하는 환경을 만들 수 있을까? 열쇠는 가능한 한 빨리 남들 앞에 콘셉트를 내놓고 자신의 아이디어에 대해 신속한 피드백을 받는 것이다. 아이디어를 더 오래 잡고 있을수록 당신은 거기에 더 애착을 느끼게 된다. 따라서 초안 상태에서 남들에게 보여주고 의견을 받아야 한다. 아이디어가 작동하지 않는데도 버리기 어려워지기 전에 말이다.

불행히도 대다수 근무 환경에서는 자신의 작업을 세상에 내놓기 전에 더 다듬을 것을 장려한다. 더 많이 다듬을수록 그 아이디어에 집착하게 되어 결국 제대로 작동하지 않을 때 버리기 어려워진다.

토머스 에디슨은 전등 내부의 백열 필라멘트에 적합한 물질을 찾기 전에 수천 가지의 물질을 시도했다. 그는 이런 유명한 말을 남겼다.

"나는 실패하지 않았다. 단지 작동하지 않는 만 개의 방법을 발견했을 뿐이다."

그는 모든 실패가 세상에 대한 진실을 드러내고, 예기치 못한 결과가 완전히 새롭고 때때로 대변혁적인 발견을 드러낸다는 점에서 흥미롭다는 걸 알았다. 예기치 못한 결과들은 방사선, 페니실린, 우주의 흑체복사 같은 많은 중요한 발견으로 이어진다.

저명한 물리학자 막스 플랑크(Max Planck)는 이렇게 말했다.

"실험은 과학이 자연에게 제기하는 질문이다. 그리고 측정은 자연의 대답을 기록하는 것이다."

진정한 창의성은 전에 하지 않았던 것들을 한다는 점에서 과학 리서치와 비슷하다. 창조적 노력 자체가 본질적으로 실험이다. 그리고 그것이 정말로 독특하다면 무슨 일이 일어날지 알 수 없다. 좋은 소식은 당신이 이미 상당한 실험 경험을 갖고 있다는 것이다. 당신의 인생 전체가 하나의 큰 실험이다. 두 개의 고유한 세포가 한데 합쳐져 당신을 창조한 수태의 순간부터, 당신이 하루의 매순간을 디자인해야 하는 오늘날까지 말이다. 아기였을 때부터 우리는 주위 세상이 어떻게 작동하는지 테스트하기 위해 실험한다. 우리는 울거나 웃으면 무슨 일이 일어날지 자연스레 알아낸다. 어떻게 걷고 말하는지 배우는 것은 본질적으로 일련의 시행착오 실험이다.

더 나이가 들면서, 우리는 비슷한 실험을 하며 어떻게 읽고 쓰는지, 언제 말할지, 언제 들을지를 알아낸다. 누구도 인생의 대본은 없다. 날마다 무슨 일이 일어나는지 알아보기 위해 무언가 새로운 것을 시도할 기회로 가득하다. 기대대로 되든 아니든 간에, 각 실험은 혁신적인 아이디어로 가는 길에 소중한 투입을 제공한다.

: 실패 확률 90%의 기업에 투자하는 고슬라벤처 :
실패는 데이터다

실험은 모든 조직과 지역사회에서 반드시 해야하는 개인적 마인드세트이자 가치이다. 창의성을 늘리고자 하는 사람들은 전에 해보지 않았던 것을 시도하는 데 열린 마음을 가져야 한다. 심지어 결과가 완전히 불확실해도 말이다. 게다가, 더욱 혁신적이고자 하는 조직은 실험하기를 지원해야 한다. 실험이 예상대로 잘되지 않았다고 개인을 처벌해선 안 된다. 따라서 실험하기는 혁신 엔진에서 태도 및 문화와 관계있다. 각 지역사회는 실험을 장려하도록 디자인되어야 하고, 각 개인은 자유롭게 실험할 수 있다고 느껴야 한다.

불행히도, 우리의 실험에 대한 자연스런 성향은 전통적인 교습 기법과 작업 환경에 의해 지원되거나 장려되지 않는다. 교사들은 강의하고 관리자들은 직원들에게 뭘 할지 말해준다. MIT의 라우라 슐츠(Laura Schultz)의 최근 연구에 따르면, 사람들에게 스스로 정보를 발견하게 두지 않고 사실과 특정 방향을 제시하는 것은 자연스런 실험을 억제할 뿐만 아니라 호기심을 무디게 한다.

이와 관련된 조나 레흐러(Jonah Lehrer)의 실험을 짤막하게 소개하겠다. 이 실험은 네 살짜리 아이들에게 네 개의 튜브가 장착된 새로운 장난감을 주는 것으로 진행된다. 이 장난감이 흥미로운 이유는 각 튜브가 다른 기능을 하기 때문이다. 가령 한 튜브는 끽끽 소리를 내고 다른 튜브는 작은 거울로 변신한다.

첫 번째 집단에서는, 한 과학자가 좀 전에 발견한 거라고 말하며 장난감을 보여준다. 아이들에게 장난감을 보여줄 때, 그녀는 '우연히' 튜브 하나를 잡아당겨 끽끽 소리를 내게 한다. 그녀의 반응은 놀라움 자체였다. "세상에! 이거 봤니? 다시 한 번 해볼게!" 반대로 두 번째 집단에서는 매우 다른 프레젠테이션이 진행된다. 그녀는 놀란 척하지 않고 전형적인 교사처럼 행동했다. 그녀는 아이들에게 새로운 장난감이 어떻게 작동하는지 보여주겠다고 말했다. 그러고는 일부러 장난감이 끽끽 소리를 내게 했다. 시범을 보인 후 두 집단에게 가지고 놀라며 장난감을 준다. 당연히 아이들은 모두 첫 번째 튜브를 잡아당기고 끽끽 소리에 웃었다.

바로 그때 흥미로운 일이 발생했다. 두 번째 집단의 아이들이 장난감에 곧바로 싫증을 낸 반면에, 첫 번째 집단의 아이들은 계속 가지고 놀았다. 아이들은 끽끽 소리에 만족하지 않고 여러 튜브를 탐구해 여러 가지 숨겨진 놀라움을 발견했다. 심리학자들에 따르면, 이처럼 서로 다른 반응은 교사의 지시 행위에 의해 야기되었다. 아이들에게 노골적인 지시가 주어지거나 알아야 할 것에 대해 미리 들었을 때, 그들의 자발적 탐구 성향은 덜해진다. 호기심은 아주 연약한 것이다.[1]

새로 만난 사람에게 자기소개를 하거나 새로운 음식을 먹어보는 것 같은 단순한 일을 할 때, 날마다 우리가 실험을 한다는 걸 염두에 두는 게 중요하다. 그때 우리는 예기치 못한 결과에 반응하는 연습을 하고 거기서 배움을 얻을 기회가 많다. 잘 훈련된 과학자들은 이걸 잘 안다. 따라서 특정 결과가 어떻게 나오든 간에, 중요한 질문에 대답하는 실험을 설계하기 위해 최선을 다한다. 그들은 각 실험이 이해의 경로에 소중한 단서를 제공한다는 걸 안다.

격언대로, "천재는 최단 기간에 가장 많은 실수를 하는 사람이다." 이런 실수들 하나하나가 본질적으로 실험이며 무언가 새로운 걸 배울 기회를 제공한다. 과학자들처럼, 우리는 기대와 다른 결과를 실패로 바라보는 건 그만두어야 한다. 단어를 바꿈으로써, 즉 '실패'를 '데이터'로 바라봄으로써, 우리는 모두의 실험의지를 강화한다. 이것은 대단한 아이디어다.

성공적인 혁신은 특정한 문제를 해결하기 위해 많은 접근법을 시도하고, 효과가 있는 것을 유지하는 데서 나온다. 이것은 분명 상당수의 예기치 못한 결과와 폐기된 아이디어들을 가져온다. 만일 당신의 아이디어의 상당 비율을 던져버리지 않는다면, 당신은 충분한 옵션을 시도해볼 수 없다. 매년 미국에서 나오는 약 20만 건의 저작권 가운데 극소수만이 상업적 성공으로 이어진다는 걸 생각해보자. 미국 특허상표청의 리처드 마울스비(Richard Maulsby)에 따르면, "미국에서 실질적으로 효력을 발휘해 실시되는 저작권은 150만 개가 있다. 그것들 가운데 아마 3,000개가 상업적으로 가치가 있을 것이다."[2] 이것은 3,000개의 성공한 상품이 있다는 의미다! 성공하지 못했던 상품 개발을 지원하는 환경이 없었다면, 발전 가능한 혁신들은 오늘날 빛을 보지 못했을 것이다.

저명한 기업가이자 투자자인 비노드 고슬라(Vinod Khosla)는 자신의 회사 고슬라벤처가 실패 확률이 90퍼센트인 프로젝트들에 투자한다고 말한다. 성공 확률은 매우 낮지만, 그 기술이 효과를 낸다면 말 그대로 세상을 바꿀 것이다. 그는 하나의 그랜드슬램을 위해 9개의 스트라이크 아웃 비용을 기꺼이 수용한다.[3]

: 인스타그램의 탄생 배경 :
끊임없이 실험하고 성공의 실마리를 잡아라

성공한 발명가와 기업가라면 의외의 결과와 포기한 경로에 대해 이야기를 들려줄 것이다. 그것들이 바로 최고의 성공의 길로 이어지기 때문이다. 케빈 시스트롬(Kevin Systrom)과 마이크 크리거(Mike Krieger)는 친구들과 위치를 공유하는 아이폰 애플리케이션으로 회사 버븐(Burbn)을 시작했다. 맨 처음 상품은 기대만큼 성공하지 않았다. 그래서 그들은 기능을 하나하나 추가하면서 어느 것이 상품의 인기를 늘리는지 보고자 했다. 그런 많은 기능들 가운데 하나는, 사진을 찍고 바로 편집해서 친구들이 보도록 포스팅하는 기능이다. 그 기능은 크게 히트했다. 케빈과 마이크는 애초의 상품은 치워버리고 사진 공유에만 포커스를 두기로 결정한 뒤, 인스타그램(Instagram)이라는 새로운 회사를 시작했다.

인스타그램은 사용자들이 휴대폰으로 사진을 찍으면 창조적으로 편집해 전 세계에서 볼 수 있게끔 웹에 올려준다. 초창기 100여 명의 사용자들에서 불과 두 달 만에 100만 명으로 늘어났다. 12개월이 지난 현재, 등록된 사용자는 1,200만 명에 달한다. 케빈과 마이크는 기능성을 강화하고 전 세계에 자사 서비스를 확대하기 위해 이런 플랫폼 위에 아이디어를 더욱 구축하고 있다.

기꺼이 실험을 하고 그 과정에서 나온 놀라운 결과들에서 배우지 않았다면 케빈과 마이크의 성공은 나오지 못했을 것이다. 물론 그들은 초기 실험이 실패하길 바라지 않았다. 하지만 이 실패들은 학습 과정의 중요한 부분이다. 케빈은 상품의 기능 가운데 고객들에게 매력을 주지 못하는 부분을 과감히 버리는 것이 매우 어렵다고 인정했다. 개발하는 데 상당한 노력이 들어갔기 때문이다. 하지만 그들은 초창기의 시도를 매번 다음 실험의 비료로 바라봤다.

이것은 하이테크놀로지 벤처에서만 발생하는 건 아니다. 사실 누구에게나 잘 맞고 창조적 프로세스에 필요한 접근법이다. 예술에서의 멋진 사례는 상상의 캐릭터 피터팬이 어떻게 자라지 않는 소년이 되는지 들려주는《피터와 별사냥꾼(Peter and the Starcatchers)》의 저자인 데이브 배리(Dave Barry)와 리들리 피어슨(Ridley Pearson)에게서 볼 수 있다. 이 책은 뮤지컬 극장의 작품으로 전환되어 뉴욕에서 히트를 쳤다. 뮤지컬 쇼를 만드는 동안 그들은 한 달간 실험을 했다. 매일 밤 각본과 무대를 바꾸었다. 멋진 의상, 배경, 소도구 없이 매번 대략적인 틀을 바꾸어가며 실험했다. 덕분에 최고의 작품이 나올 때까지, 단 시간 내에 여러 다른 접근법으로 실험할 수 있었다.[4]

이 책을 쓰는 것도 사실 같은 접근법이 요구된다. 새로운 아이디어와 접근법을 계속 테스트하면서, 세 단락을 썼다면 분명 두 단락은 다시 지웠다. 편집실 바닥에는 맞지 않는 이야기들과 설득력 없는 아이디어들이 널려 있다. 나는 혁신 엔진을 수십여 가지 방식으로 만든 뒤에야 결국 딱 맞는 것을 찾았다. 그리고 제대로 된 것을 찾고자, 이 책의 첫 두 페이지를 7개의 다른 버전으로 편집자에게 보냈다. 그렇다. 그렇게 공들여 쓴 단어들을 지우고 다시 시작하는 것은 힘든 일이다. 하지만 나는 이러한 편집 과정이 최종 결과를 훨씬 낫게 만든다는 걸 안다. 그리고 뭘 만들든지 간에 성공의 열쇠라는 것도 말이다. 위대한 시인 윌리엄 포크너(William Faulkner)가 남긴 유명한 말이 있다.

"글을 쓸 때는 애착이 가는 글귀라 하더라도 맞지 않으면 버릴 수 있어야 한다."

어디서 들어본 소리 같다. 자연은 수없이 많은 실험을 하고 효과가 있는 걸 유지한다는 다윈의 진화론 설명과 비슷하게 들린다. 동식물은 항상 다양한 돌연변이를 갖게 마련이다. 각 돌연변이는 자연의 실험이다. 이롭다면 결과는 다음 세대에서 반복된다. 그렇지 않다면 실패한 실험에 그친다. 자연의 실험의 놀라운 결과를 보고 싶다면 주변을 둘러보면 된다. 바로 멋진 동식물들이 눈에 들어올 것이다.

: '디 스쿨'의 '공정한 실패' 워크숍 :
시행착오를 훈련하기

실험을 통한 학습 접근법을 채택한 학교는 소수에 불과하다. 좋은 사례는 게버 툴리(Gever Tully)가 운영하는 팅커링스쿨(Tinkering School)이다. 이 학교에서는 8~17세 아이들이 '마치 놀듯 돌아다님으로써' 무언가를 만드는 법을 배우는 프로그램을 제공한다. 활동은 모두 현장 체험이고 아이들은 '대담한 아이디어, 대담한 관념, 상상력의 직관적 도약'을 고안할 것을 요구받는다.

그들은 실험하기를 통해 사물을 파악하는 법을 배운다. 또 대다수 것들이 기대대로 되지 않는다는 걸 깨닫는다. 그리고 다음번에 다르게 해야 할 것을 판단하기 위해 실패를 분석해야 한다는 것도 깨닫는다.[5]

이런 접근법은 아이들에 국한되지 않는다. 올린대학교(OlinCollege)에서 모든 수업은 실험을 통해 진행된다. 이 새로운 공대는 모든 과목에서 실험을 통한 학습을 사용한다. 학생들은 강의 대신에 실험실에서 스스로 물질을 발견하고 현재 배우고 있는 원칙을 사용해 발명을 한다.

가령, 올린대학교를 최근에 방문했을 때 나는 학생들이 혈액의 산소 농도를 측정하기 위해 비침습적(非侵襲的) 모니터를 설계하고 만드는 걸 봤다. 그들이 지시사항 없이 만들고 있는 장치는 전 세계 수술에서 사용되는 산소 농도계와 비슷하다. 이것은 제조법을 따라하는 전통적인 실험실 과제보다 더욱 고무적일 뿐만 아니라, 학생들은 실험을 고안해내고 실패에서 배우며 미래에 직면할 문제들에 대해 창조적 해결책을 내놓을 수 있다는 자신감을 얻는다.

발명의 대가들은 예기치 못한 결과의 소중함을 잘 안다. 앞서 의학적 발명의 성공담을 들려준 미르 임란은 이렇게 말한다.

"실패는 언제나 함께하는 친구이며, 성공은 어쩌다 찾아오는 손님이다."

미르는 실패를 소중히 여긴다. 각 실패가 혁신적인 아이디어를 발휘하는 데 중요한 무언가를 가르쳐주기 때문이다. 그는 실패에서 소중한 정보와 통찰력을 찾아내는 건 우리 각자에게 달렸다고 믿는다. 실패와 성공은 긴밀하게 엮여 있다. 모든 실패 뒤에 일련의 성공이 따라왔으며 모든 성공 뒤에 일련의 실패가 따라왔다.[6] 열쇠는 성공으로의 여정에서 시행착오 과정을 실험들로 보는 것이다. 이런 관점에서 바라본다면 실패는 완전히 새로운 의미를 가지게 된다. 크든 작든 간에 인생의 모든 모험과 도전에서도 역시 그렇다.

실험화는 불가피하게 예기치 못한 발견으로 이어지기 때문에 위험한 것으로 간주될 수 있다. 사람들에게 리스크와 실패를 감수하고 실험할 기회를 주기 위해, 나와 동료 레티샤 브리토스(Leticia Britos)는 '공정한 실패'라는 워크숍을 만들었다.

풍선기구 등으로 카니발처럼 꾸며진 방에는 참여자들이 방문할 수 있는 부스들이 있다. 한 부스는 지적 리스크에, 다른 부스는 재정적 리스크에, 세 번째는 정서적 리스크에, 네 번째는 신체적 리스크에 초점을 둔다. 우리는 또한 참여자들에게 각 유형의 리스크를 취할 때의 안락수준을 측정하기 위해 '리스크 측정기'를 주었다. 참여자가 다른 유형의 리스크 감수에 대해 생각할 기회를 주고, 실패할 때 기분이 어떨지 성찰해보게 하려는 것이다.

지적 리스크 부스에서는 참여자에게 수평사고 퍼즐을 풀라고 한다. 개인 또는 팀으로 퍼즐을 풀 수 있다. 이 퍼즐은 전통적인 계산을 넘어서는 빤하지 않은 해결책이 있다. 참여자들은 정답을 보고 싶은 자연스런 성향을 억누르고 스스로 해결책을 찾아내는 도전을 받는다. 샘플 질문은 아래에 있다. 정답은 이 책의 맨 뒤에서 찾을 수 있다.[7] 당신은 이런 퍼즐을 풀기 위해 얼마나 오래 노력할 수 있는가?

1. March(3월)와 April(4월)의 가운데서는 보이지만 초반이나 끝에서는 볼 수 없는 것은?

2. 숲에 길을 잃은 두 남자가 있다. 한 명은 북쪽으로 걷기 시작했고 다른 한 명은 남쪽으로 걷기 시작했다. 25분 후 두 남자는 서로 만나게 되었다. 어찌된 일일까?

3. 자매가 각자 신생아를 안고 있는데, 두 아기 모두 한 살이다. 한 명은 밤에 태어나고 한 명은 낮에 태어났다. 어찌된 일일까?

4. 바구니에 6개의 달걀이 있다. 6명이 달걀을 하나씩 가져간다. 바구니에는 하나의 달걀이 그대로 있다. 어찌된 일일까?

재정적 리스크 부스에서, 참여자들은 레티샤가 만든 특별한 도박게임을 한다. 이 도박게임에서는 각자 워크숍에 가져온 5달러를 잃을 리스크가 점점 커진다. 즉 매 라운드마다 상금액이 늘어날수록 승률은 줄어든다. 어떤 사람들은 큰 한 방을 딸 낮은 확률에 전액을 거는 리스크를 감수하려고 한다. 반면에 다른 이들은 적은 금액이지만 더 높은 확률을 선택해 안전하게 간다.

신체적 리스크 부스에서는 공을 공중으로 던지며 여러 묘기를 부리게 한다. 그러고는 하기 전, 하는 동안, 이후에 기분이 어떤지 평가하게 한다. 그들에게 낙하산을 메고 비행기에서 뛰어내리거나 가파른 슬로프에서 스키를 타고 내려오라고 한다면 더 많은 걸 알게 될 것이다. 하지만 그건 예산상 무리이고 우리는 누군가 정말로 다칠 리스크를 감수하고 싶지 않았다.

마지막으로 정서적 리스크 부스에서는 비밀이 적힌 엽서를 만들어야 한다. 이것은 전 세계 사람들이 보내온 엽서에 적힌 비밀을 익명으로 공유하는 웹사이트 포스트시크릿(PostSecret)에서 영감을 얻었다.[8] 훈련의 민감함에도 불구하고 거의 모두가 참여했다. 단 15분 동안에 참여자들은 자신의 불안, 환상, 한계에 대한 상당히 개인적인 비밀이 적힌 엽서를 만들었다. 이 활동 뒤에는 리스크 감수와 실험과 실패에 대해 심도 깊은 논의가 이어졌다.

학생들은 심지어 리스크가 낮은 교실 환경에서도 일부 리스크는 다른 것보다 감수하기 쉽다는 걸 깨달았다. 그리고 사람마다 고유한 리스크 프로파일을 갖는다는 것도 말이다.

: 가장 최선의 아이디어를 찾는 비결 :
생각을 마음속에 오래 품지 말 것

그럼 어떻게 리스크 감수와 실험을 촉진하는 환경을 만들 수 있을까? 최선의 방법은 신속한 실험과 평가를 격려하는 게 포함된다. 열쇠는 가능한 한 빨리 남들 앞에 콘셉트를 내놓고 자신의 아이디어에 대해 신속한 피드백을 받는 것이다. 아이디어를 더 오래 잡고 있을수록 당신은 거기에 더 애착을 느끼게 된다. 따라서 초안 상태에서 남들에게 보여주고 의견을 받아야 한다. 아이디어가 작동하지 않는데도 버리기 어려워지기 전에 말이다. 불행히도 대다수 근무 환경에서는 자신의 작업을 세상에 내놓기 전에 더 다듬을 것을 장려한다. 더 많이 다듬을수록 그 아이디어에 집착하게 되어 결국 제대로 작동하지 않을 때 버리기 어려워진다.

이걸 잘하는 회사의 좋은 사례는 페기 버크(Peggy Burke)가 이끄는 1185 디자인이다. 팔로알토에 있는 이 회사는 각종 비즈니스를 상대로 로고와 웹사이트 같은 브랜딩 서비스를 제공한다.

고객으로는 어도비(Adobe), 시스코, SAP, 시맨텍(symantec), 징가(Zynga)를 비롯해 많은 업체가 있다. 12명의 디자이너들이 각 회사의 정식 프레젠테이션을 듣고 각자 며칠 만에 회사 로고에 대한 수십 개의 아이디어를 만들어낸다. 그러고는 모두 한자리에 모여 자신의 다듬지 않은 콘셉트를 보여준다. 피드백을 받은 뒤에, 각자는 아이디어의 상당수를 던져버리고 살아남은 아이디어에 매달린다.

열쇠는 각 디자이너가 단 하나의 아이디어를 다듬기보다는 테스트될 수 있는 많은 해결책을 떠올리는 것이다. 그들은 곧 고객에게 다양한 아이디어를 선보일 채비를 갖춘다. 고객들은 다시 피드백과 의견을 낸다. 또 다시, 살아남은 디자인은 드로잉보드로 가서 다듬어진다.

이런 시행착오 과정은 다양하고 흥미로운 옵션들로 이어지며, 그것들 가운데 최고만이 끝까지 살아남는다.

또 다른 고무적인 사례는 엘리스 바우어(Elise Bauer)의 일화다. 그녀는 '간단 조리법'이라는 블로그에 글을 올린다. 매달 수백만 명이 방문하는 이 사이트는 전 세계에서 으뜸가는 요리 사이트들 가운데 하나다. 하지만 처음 시작은 그렇지 않았다.

나는 수년 동안 엘리스를 알고 지냈다. 그리고 그녀가 만성피로증후군으로 힘들어할 때 매우 안타까워하며 지켜봤다. 그녀는 너무 약하고 지쳐서 대부분 나날을 침대 밖으로 나오지 못했다. 기운을 내서 할 수 있는 유일한 일은 글쓰기였다. 당시 2003년은 블로그가 막 태동하던 때였다. 그녀는 블로그에 글을 올리는 일을 한번 해보기로 했다.

이때 그녀는 하나의 블로그만 쓰지 않았다. 어떤 주제가 독자들에게 가장 큰 반향을 일으키는지, 어떤 걸 쓰는 게 가장 즐거운 일인지 알아보기 위해 5개의 블로그를 썼다. 음악 블로그, 책 리뷰 블로그, 마케팅 블로그, 무작위로 떠오르는 생각과 성찰에 대한 블로그, 그녀의 가정에서 사용하는 요리법에 대한 블로그였다.

시작한 지 얼마 안 되어, 그녀는 이런 블로그들에 대해 여러 가지 흥미로운 것들을 배웠다. 우선, 단어로 음악의 본질을 포착하는 게 자신에게는 버거운 일이라는 걸 깨달았다. 둘째, 책을 읽고 리뷰를 쓰는 것은 정말로 엄청난 시간이 걸리는 일이었다. 마지막으로, 요리법 블로그는 대중에게 보여줄 의도가 아니었음에도 불구하고 점점 더 트래픽이 증가하고 있었다. 사실 그녀의 요리법 가운데 일부는 구글에서 검색 결과 1위에 오르기도 했다. 이런 피드백을 접수한 엘리스는 다른 블로그는 접어두고 요리에만 집중하기로 했다.

엘리스는 거기서 멈추지 않았다. 그녀는 포스팅한 요리법의 유형과 거기에 딸린 사진의 종류, 각 요리법의 세세한 정도, 내비게이션과 광고가 웹사이트에 위치한 방식에 대한 사용자들의 반응을 항상 지켜보며 계속 실험했다. 심지어 지금도 독자들은 직접 댓글과 행동으로 멋진 피드백을 계속 제공한다.

그녀는 특정 요리법이 독자에게 먹히지 않는다는 걸 재빨리 배우고는 팁을 붙여 업데이트한다. 그래도 계속 문제가 있으면 삭제한다.

날마다 놀라움이 가득하다. 한번은 시나몬 빵에 대한 구식 요리법을 올렸는데 예기치 못한 인기를 얻었다. 그녀는 독자들이 유년기 기억을 불러오는 향수적 요리법을 보고 싶어한다는 걸 즉각 배웠다.

엘리스는 거의 모든 댓글을 읽고 응답하며 긍정적·부정적 피드백을 모두 수용한다. 모든 피드백이 계속해서 사이트를 더 막강하게 만드는 걸 알고 있기 때문이다. 당신은 실험하는 것이 몸에 배일 때까지 날마다 작은 실험을 연습할 수 있다. 이런 실험은 엄청난 것일 필요는 없고 흥미로운 것으로도 충분하다.

내가 소녀였을 때 아버지는 우리가 하는 거의 모든 걸 실험으로 바꾸었다. 저녁에 외식하러 갔을 때 아버지는 우리들의 눈을 가린 뒤 검은 올리브와 그린 올리브를 먹이고는 차이를 구분하는지 보았다. 그리고 항목별로 점수를 계산해서는 마지막에 결과를 알려주었다.

우리가 실수로 치약뚜껑을 닫지 않고 열어두면, 우리를 한 줄로 세우고는 질문을 한 뒤 마치 거짓말탐지기 테스트처럼 맥박을 쟀다. 아버지는 맥박을 재는 동안 "이름은?", "생일이 언제지?" 같은 쉬운 질문으로 시작한 뒤 핵심이 되는 질문을 던진다.

"너 치약뚜껑 닫지 않고 그냥 나왔지?"

이 질문에 대답하는 동안 우리의 맥박이 거세게 뛴다면 사실대로 말하지 않았다는 증표로 여겼다. 이것은 일상생활에서 실험하기를 덧붙이는 재미난 방식이며, 곧 세상에 접근하는 자연스러운 방식이 된다.

: 실패를 권장하는 환경 만들기 :
혁신 엔진은 실험을 장려하는 문화에서 생긴다

실험하기는 당신의 현재 전략이 먹히지 않은 게 분명할 때 급선회할 수 있는 능력과 같이 가야 한다. 에릭 리스는 '린 창업방식'에 대한 저서에서 이 방법을 대중화시켰다.

대학생들에게 교과서를 대여해주는 회사 체그(Chegg)를 보자. 체그는 대학생 집단을 대상으로 하는 온라인 게시판을 만들겠다는 목표를 갖고 시작했다. 하지만 그들이 상품을 내놓았을 때 전혀 매력을 끌지 못했다. 사용자들에게 별 호응을 받지 못한 채 몇몇 즉석거래만 있었다.

체그의 창립자들은 데이터를 보고, 사이트의 한 부분이 밝은 전망을 보여주는 걸 알아차렸다. 즉 학생들은 상당수의 중고 교과서를 서로 팔고 있

198

CHAPTER **9**

었다. 빙고! 그들은 방향을 선회하기로 했다.

회사 전체의 방향을 바꾸는 것이다. 그들의 새로운 아이디어는 필요한 학기 동안 학생들에게 교과서를 대여해주는 것이다. 그들은 학생들이 교과서 대여에 관심이 있는지 알아보기 위해 텍스트 북플릭스(Textbook Flix)라는 새로운 사이트를 열고 즉각 실험을 했다. 사이트는 조잡한 데다가 교과서도 전혀 구비해두지 않았다. 주문이 들어오자, 그제서야 아마존에서 책을 사서 고객들에게 직접 택배로 보냈다. 그들의 목표는 상품의 수요를 테스트하려는 것이었다.

그들은 핵심을 제대로 짚었다. 교과서 대여에 대한 큰 수요가 분명 있었다. 그들은 재빨리 체그를 온라인 교과서 대여회사로 전환했으며, 가장 급성장하는 전자상거래 비즈니스가 되었다. 재빠른 실험을 하고, 가설을 테스트하기 위해 최소한의 특질을 출시하고, 원래 계획이 작동하지 않는 게 분명할 때 선회하지 않았다면 불가능했을 것이다.

이런 과정은 페이스북처럼 신속하게 움직이는 혁신적인 회사들에서도 볼 수 있다. 마케팅 책임자로 있었던 랜디 주커버그(Randi Zuckerberg)에 따르면, 회사의 내부 모토는 '빨리 움직여라-혁신을 꾀하라'다. 이 회사의 리더들은 새로운 걸 시도하도록 격려하면서 완벽보다 속도를 강조한다. 그들은 평균적으로 시도한 프로젝트들의 1/3이 성공한다는 걸 안다. 즉 4번의 성공을 거두기 위해 12번의 실험을 해야 한다는 의미다.

이것은 페이스북에서 매월 실시되는 12시간 '해커톤(Hackathon)'으로 공식화된다. 직원 모두가 모여 저녁 8시부터 아침 8시까지 밤을 새며 새로운 프로젝트를 짜는 것이다. 각자 낮에 하는 업무와 전혀 관련 없는 프로젝트여야 한다. 그것은 진정한 실험이다.

다음 날 개인별 또는 팀별로 성과에 대해 5분간 프레젠테이션을 한다. 매달 수백 명이 참가하고 약 수십 개의 프레젠테이션이 나온다. 프로젝트는 벽화 그리기부터 새로운 애플리케이션 코딩까지 뭐든 좋다. 이 실험들의 일부는 흥미로워 해커들의 종일 프로젝트가 된다. 페이스북챗(Facebook Chat)은 종일 업무로 전환된 해커톤의 사례다.

게다가 겉보기엔 무의미해 보이는 일부 해커톤 실험은 흥미로운 기회를 드러낸다. 가령 두 엔지니어가 해커톤에 참여하기로했다. 하지만 밤이 되자 그들은 뭘 하고 싶은지 알지 못했다. 유쾌한 브레인스토밍을 거친 뒤, 맥주를 좋아하는 둘은 카드리더기가 달린 맥주통을 만들기로 했다.

당신이 신분증을 대면 맥주를 얻고 리더기는 당신의 사진을 찍는다. 사진은 페이스북에 상태 업데이트(update status)로 올려져 당신이 막 맥주를 마시려는 참이라는 걸 말해준다. 비록 다음 날 엔지니어들이 그 아이디어를 내놓았을 때 시시하게 들렸지만, 다른 이들은 이 기술이 다른 곳에서도 사용될 수 있다는 걸 금방 깨달았다.

현재 이 접근법은 컨퍼런스에서 실행되어, 여러 지부의 참여자들이 신분증을 대면 자동적으로 그들의 페이스북 페이지에 업데이트된다.

이런 유형의 에너지는 심층적인 54시간에 걸쳐 기업가 지망자들에게 신생 벤처를 만나고 시작할 기회를 제공하는 스타트업 위크엔드(Startup Weekend)에서도 발견된다. 본질적으로 팀들이 한데 모여 새로운 아이디어를 실험하는 실험실이다.

금요일 저녁에 아이디어를 가진 사람들의 선전으로 시작해, 팀들은 관심이 가는 아이디어 주위에 유기적으로 모여 일하기 시작한다. 참여자들의 상당수는 기술 지향적인 반면에 다른 이들은 사업 기술에 공헌한다. 그들은 함께 신속하게 모형을 만들고 잠재 고객들과 접촉해 콘셉트의 타당성을 증명한다.

일요일 밤에 각 팀은 성과를 보여주고 심사관들로부터 피드백을 받는다. 이런 접근법은 인기가 좋아서 조직은 이제 전 세계에서 매년 수십 개의 스타트업 위크엔드를 제공한다.[9]

많은 회사들은 실험을 지원하는 한편 핵심 사업은 일정대로 진행하는 방법을 찾으려고 애쓴다. 가령 구글에는 70-20-10의 법칙이 있다. 자원의 70퍼센트는 핵심 사업에 넣고, 20퍼센트는 핵심 사업과 관련된 실험에 넣고, 10퍼센트는 실패할 확률이 높고 먼 훗날 효과를 낼 과감하고 새로운 아이디어에 넣는다.

구글에서 고위험 실험의 사례는 무인자동차 개발이다. 시스템은 인공지능 소프트웨어와 비디오카메라와 자동차의 센서와 더불어 구글의 스트리트 뷰 소프트웨어에서 수집한 정보를 사용한다. 이 프로젝트는 기술적으로 복잡할 뿐만 아니라 운전자 없는 자동차가 도로를 공유하게 허락하는 완전히 새로운 법을 요구한다.[10]

이 사례들은 실험이 예측대로 되든 아니든 간에, 소중한 정보를 제공한다는 사실을 보강한다. 사실, 실패한 실험은 실행 불가능한 경로를 차단시켜준다는 점에서 아주 소중하다.

물론 누구도 실패하길 바라지 않고, 그래서도 안 된다. 하지만 전에 하지 않았던 무언가를 시도할 때는 실패도 창조적 과정의 불가피한 일부다.

헨리 포드의 말처럼, "실패는 다시 한 번 지적으로 시작할 기회에 불과하다." 따라서 굳건한 혁신 엔진은 실험하는 걸 장려하는 개인의 태도와 집단의 문화를 필요로 한다.

CHAPTER

10

포지셔닝

당신은 '어떤' 사람입니까?

위대한 도전과 커다란 상은 많은 위대한 업적의 동기부여가 되었다. 가령 1919년 오티그 상(Orteig Prize)은 뉴욕에서 파리까지 최초로 논스톱 비행을 한 사람에게 2만 5,000달러를 걸었다. 이런 경쟁은 수많은 실험을 자극하고 결국 찰스 린드버그의 유명한 1927년 비행으로 이어졌다. 더욱 주목할 것은 존 F. 케네디 대통령이 1961년에 도전을 설정한 지 9년이 채 지나지 않아서 미국이 달에 사람을 착륙시킨 것이다. 이 경우에 상은 극심한 국제경쟁에 의해 동기가 유발된 국제적 인정이었다. 그런 대담한 목표를 이루기 위해 필요한 것들은 모두 발명되어야 했는데, 이 과정은 평균 나이 27세의 엔지니어 팀이 지금의 휴대전화보다 못한 컴퓨터를 사용해 이루어냈다.

창의성과 혁신에 대한 관심이 크게 늘어나면서, 내 창의성 수업은 자리 수보다 수강 신청자들이 더 많다. 교수진은 수업에 들어오는 인원을 40명으로 통제해야만 했다. 그래서 수강신청 과정에 수업 중 활동과 미래의 자서전의 표지 디자인을 포함시켰다. 그런 결정을 내린 후, 나는 자신의 수강신청이 받아들여지지 않은 이유를 설명해달라는 쪽지를 한 학생에게서 받았다. 나는 그에게 모든 지원자들의 자격이 충분할 때 일부 학생을 뽑는 게 매우 힘든 일이라는 답장을 정중하게 보냈다. 하지만 그는 다시 한번 특이한 답변을 보냈다. 그가 말하길, 자신은 듣고 싶은 수업에 받아들여진 적이 한 번도 없다는 것이다. 자신은 성실하고 장학금을 받고 입학했다고 말하고는 보다 자세한 피드백을 간청했다.

　그의 좌절감을 느낀 나는 그를 도와주고 싶었다. 나는 어떻게 답장할지 생각한 뒤 다음과 같은 메시지를 보냈다.

"정말로 듣고 싶은 수업이 있는데 자리가 없다면, 계속 수업에 나와보세요. 학생들이 여러 이유로 수강을 철회하는 첫 주에는 자리가 나기도 하거든요. 그때 현장에 있다면 분명 자리를 얻을 수 있을 겁니다."

그는 내게 다시 글을 보냈다.

"조언 감사합니다. 하지만 교수님 수업은 그럴 것 같지 않은데요."

나는 그의 이메일을 몇 분간 쳐다보고는 다시 답장했다.

"그래요. 학생 말이 맞아요. 자리는 안 날 것 같네요."

나는 그에게 소중한 기회를 쥐어주었는데도 그는 받지 않은 것이다. 같은 날 내게 글을 보낸 또 다른 학생과는 정반대였다. 그녀도 역시 수업에 들어오지 못했다. 하지만 그녀의 접근법은 완전히 달랐다.

그녀는 "첫 수업 너무 감사했습니다. 정말 잘 들었고 많은 걸 배웠습니다. 수업에 한 번 더 참석해도 될까요? 제게는 아주 소중한 수업이 될 거예요"라고 썼다.

나는 다음 수업에 와도 된다고 허락했다. 그리고 예상대로 누군가 수강을 철회했고 그 자리에 그녀가 들어왔다.

둘 다 똑똑한 학생이다. 그들의 차이는 '태도'다. 첫 번째 학생은 수업에 들어오지 못할 거라고 단정한 뒤 내가 그 앞에 놓아준 가능성조차 보지 못했다. 두 번째 학생은 원하는 걸 얻어내는 방법을 창조했다.

사실, 문제에 해결책이 있다고 믿는 것이 해결책 발견의 가장 중요한 단계다. 많은 사람들이 크든 작든 간에 도전에 대한 해결책을 찾기 이전부터 포기한다. 심지어 그들 앞에 해결책이 버젓이 있는데도 말이다. 문제가 해결될 수 있다는 창조적 확신을 갖지 못하기 때문이다. 본질적으로 당신이 무언가가 불가능하다고 믿으면 정말 그렇게 된다.

: 수식어에 따라 갈리는 생각의 방향 :
페이스북의 '고객 마케팅'과 '창조적 마케팅' 팀

나는 2010년 말 처음으로 일본을 방문했을 때 이런 문제를 반복해서 봤다. 내가 만난 거의 모든 이들이 "우리 일본은 20년간 장기적 경제침체에 빠져 꼼짝달싹 못하고 있어요." 이런 얘기를 수십 차례 들은 후에 나는 이 메시지가 모두의 마음에 새겨져 있다는 걸 깨달았다. 사실 20대 초반의 젊은이들은 한평생 이 소리를 들어온 셈이다. 언론, 학교, 집에서 날마다 반복되는 이 만트라(일종의 신비한 주문-옮긴이)는 기를 크게 꺾어놓는다.

태도를 바꾸는 한 가지 방법은 단어를 바꾸는 것이다. 페이스북의 랜디 주커버그는 그녀의 팀에게 부서명을 고객 마케팅에서 창조적 마케팅으로 바꾸었다고 말했다. 아주 작은 변화처럼 보였지만 이 일은 부서에 즉각적인 영향을 주었다. 직원들은 자신을 회사의 창조적 허브로 재정의했다. 비록 회사의 어느 누구도 부서명 변화에 대해 알지 못했지만 말이다.

며칠 내에 팀은 공간을 재조직하고 새로운 가구와 예술품을 들여놓고 그들의 창조적 업적을 보여줄 미디어 전시공간을 디자인했다. 그들은 더욱 혁신적인 아이디어를 내놓기 시작했고, 새롭게 정의된 역할을 반영하는 새로운 프로젝트를 제시했다. 랜디의 팀이 원래 창조적인 건 분명했지만 새로운 아이디어의 창출이 자신들의 주된 역할이라고는 생각하지 않았다. 명칭의 변화가 그들의 상상력을 마음껏 펼치라는 명시적 허락을 제공했다.

이 이야기는 당신이 보고자 하는 걸 본다는 걸 상기시킨다. 자신을 창조적인 사람으로 여긴다면 당신이 혁신적 아이디어를 구상해낼 가능성은 훨씬 커진다. 자신을 단지 남의 아이디어를 실행하는 부지런한 일벌로 정의한다면 그게 바로 당신 역할이다.

물론 창조적 산출은 조직의 이름을 바꾸는 것보다 더 많은 게 필요하다. 하지만 이 경우에 부서명 변화는 집단의 내재된 혁신 능력을 발산시키는 중요한 촉진제 역할을 했다.

하이디 넥(Heidi Neck)은 밥손대학에서 진행하는 자신의 워크숍에서, 학생들에게 지그소 퍼즐을 완성하라고 한다. 완성하면 또 다른 방으로 가서, 정신없이 널린 여러 천들을 갖고 패치워크 퀼트를 만든다. 학생들이 다 완성한 뒤에 그녀는 두 접근법과 최종 상품을 비교한다. 퍼즐을 한데 모으는 것은 고정된 목표가 필요하다. 만일 퍼즐이 한 조각이라도 사라진다면 당신은 성공할 수 없다.

반면에 퀼트를 만드는 것은 열린 결말의 과정으로, 가지고 있는 천 조각에 근거해 재빨리 방향을 바꿀 수 있다. 그리고 어떤 재료가 주어졌더라도 퀼트를 완성할 수 있다. 하이디는 학생들에게 혁신가들과 기업가들이 퍼즐보다는 퀼트 만드는 사람과 더 비슷하다는 걸 보여주었다. 그들은 기대한 조각들이 모두 나타나길 기다리기보다는, 소중한 무언가를 만들어내기 위해 이용 가능한 자원을 극대화하고 예측하지 못한 것에 대처하는 마인드세트를 갖고 있다.

직면한 도전에 압도당한 나머지, 자신의 '퍼즐' 완성에 필요한 모든 조각들이 없다고 믿는 사람들도 많다. 그들은 자신이 갖고 있는 수많은 기회를 보지 못한다.

칠레에서 이런 사례를 많이 찾을 수 있다. 좀처럼 산티아고 도심을 떠나지 않는 칠레 사람들은 자국의 놀라운 자원의 가치를 제대로 알지 못한다. 하지만 칠레 정부와 대학교들은 문화를 바꾸고 젊은이들이 지역 자원을 이용해 기업가적 도전에 나서도록 애쓰고 있다.

새롭고 대담한 '스타트업 칠레'라는 실험은 이런 과정에 발동을 걸기 위해 디자인되었다.[1] 기업가 정신을 지역사회에 퍼뜨리려는 목표로, 칠레 정부는 전 세계에서 벤처를 시작한 신규 기업가들을 수입하고 있다. 스타트업 칠레는 신생 회사들에게 6개월 동안 체류하며 사업을 시작할 기회를 준다. 선발된 벤처에게는 스타트업 칠레 협업 환경의 공간뿐 아니라 제반 비용으로 4만 달러가 지급된다. 또 지역 인재들을 그들이 하는 일을 공유하고 벤처를 도와줄 직원으로 고용할 것을 요청한다. 목표는 전 세계에서 온 역할모델들에 칠레 사람들을 노출시킴으로써, 자신의 벤처를 시작하게끔 영감을 주려는 것이다. 스타트업 칠레는 실패를 덜 두려워하고 기회에 더 개방적이게 만들면서 칠레인들의 마음을 변화시키려는 것이다.

: 두려움을 극복하는 마인드세트 :
"어쨌든 내 생각이 옳다!"

스탠퍼드 경영대학원의 교수인 바바 시브(Baba Shiv)의 연구에 따르면, 도전에 임하는 두 가지 다른 마인드세트가 있다. 일부 사람들은 실패에 대한 강한 두려움에 의해 움직이며 실패할 가능성이 있는 도전은 무엇이든 꺼린다. 반면에 다른 이들은 기회를 놓칠지도 모른다는 강한 두려움에 의해 움직인다. 후자는 기대대로 되지 않을 수도 있는 프로젝트를 기꺼이 맡으려고 한다. 성공할 가능성을 놓치고 싶지 않기 때문이다.[2] 나는 또한 깊이 배인 실패에 대한 두려움, 놓칠 것에 대한 강한 두려움 둘 다와 전투를 벌이는 혼혈 집단도 봐왔다. 그들은 대담하고 중요한 무언가를 하길 바라면서도 실패를 끔찍이도 두려워해 격렬하게 발버둥친다. 그들은 두려움에서 벗어나 자기 앞의 도전에 맞서길 간절히 바란다. 이런 불안을 극복할 유일한 방법은 우선 작은 변화부터 시작해 창조적 확신을 구축하는 것이다.

더 많은 자신감을 가질수록, 두려움을 억누르고 점점 더 큰 도전을 상대해나갈 수 있을 것이다. 성공하겠다는 일념으로, 목표에 도달하기 위해 어떤 장벽도 무너뜨리려는 사람들의 고무적인 사례가 있다. 스탠퍼드대학교의 저명한 신경외과 의사 존 애들러는 1980년대 중반 스웨덴 카롤린스카(Karolinska)연구소에서 신경외과 펠로우십 동안 최소한의 침습적인 뇌수술을 하는 새로운 방식을 접하게 되었다. 금속틀을 환자의 머리에 씌워 움직이지 못하게 고정시킨 뒤 방사선, 즉 감마 나이프로 여러 각도에서 종양을 공격함으로써 종양을 제거하거나 들어내는 것이다. 방사선의 양은 정상적인 뇌 조직을 손상시킬 수 있는 양에 훨씬 못 미치면서도 종양이 있는 곳에 누적되어 그런 세포만을 선별적으로 죽일 것이다.

존은 이 과정에서 고정시키는 틀만 뺀다면, 이런 접근법이 각종 종양에 사용될 수 있다는 걸 깨달았다. 그는 열정적으로 새로운 접근법을 설계하기 시작했다. 그는 컴퓨터로 환자 신체의 실시간 디지털 엑스레이와 환자의 이전 CT 스캔을 비교하는 '사이버나이프'를 머릿속에 그렸다. 그러면 외과의사는 환자를 특정 자세로 고정시키는 틀을 사용하지 않고서도 정확하게 여러 방향에서 종양에 방사선을 쐬일 수 있다.

이 기술은 상업적 성공을 거두기까지 18년의 긴 세월이 걸렸다. 그동안 존은 연이어 도전에 직면했다. 그는 "운이라곤 정말 불운밖에 없었다"고 말했다. 상품개발을 지원할 자금을 모으는 커다란 문제가 있었다. 비즈니스 세계를 헤쳐나가는 법에 대한 그의 지식은 제한적이었다. 게다가 초창기 상품은 성능이 형편없었다. 심지어 친한 동료들조차도 '돈만 들인 어리석은 짓'이라고 할 정도였다.

이런 걸림돌에도 불구하고 존은 긍정적인 자세를 유지하며 한 발 한 발 나아갔다. 1999년 자기 사업의 CEO로 활동하기 위해 스탠퍼드대학교에서 휴직하고 모든 에너지를 성공시키는 데에 쏟아부었다. 그는 사업 비전을 실현하기 위해 열정적으로 잠재고객과 투자자들을 만났다. 그는 심지어 한 고객과는 30번 이상 만나면서 거래 체결을 위해 무엇이든 했다. 거의 20년간의 부단한 노력 끝에 마침내 이 기술은 침습적 수술을 해야 했던 종양을 치료하는 데 이용 가능해졌다. 사명에 대한 확고부동한 믿음과 실현하겠다는 불굴의 의지가 없었다면 불가능했을 일이다.[3]

당신도 이런 능력을 마스터할 수 있다. 로니 그래프먼(Lonny Grafman)은 아프로페디아(Appropedia)의 창업자이자 훔볼트주립대학교에서 엔지니어링을 가르치는데, 학생들에게 이런 스킬을 배울 많은 기회를 제공한다. 로니는 학생들에게 다음과 같은 문제를 내주었다.

"아이티 해변에 거대하게 쌓인 플라스틱 쓰레기를 견과류 탈각기의 플라스틱 모형틀로 전환하라."

유리섬유 모형틀이 미국에서 아이티로 선적되어 아이티인들이 이것으로 견과류 탈각기를 만들고 있었다. 그것의 사용은 생산을 늘리고 임금을 올리며 견과류를 손으로 깔 때 생기는 초기 관절염을 막는다.

모형틀을 아이티에서도 만들 수 있다면 더욱 비용 대비 효과적일 것이다. 특히 해변과 매립지에서 무더기로 발견되는 비닐종이를 사용해서 만든다면 말이다. 프로젝트에 매달린 지 몇 주 후에, 학생들은 로니에게 할 수 없다고 말했다. 모형틀을 만들기 위해 플라스틱을 녹이면 유독가스가 방출된다. 그들은 실패를 선언하며 프로젝트를 포기할 참이었다. 로니는 무슨 문제든 항상 해결책은 있다고 말했다. 그는 따뜻하게 격려하며 기운을 북돋아주고는 드로잉보드로 돌아가 다시 생각해보라고 말했다. 예측된 방식대로는 아니지만 항상 일을 성사시킬 방법이 있다. 아마도 완벽하진 않지만 그렇더라도 항상 방법은 있다고, 그는 말했다.

212

불과 하루가 지나 학생들은 해결책을 갖고 돌아왔다. 비닐봉지를 녹이는 대신에, 작은 링으로 잘라서 한데 엮어 플라스틱 섬유를 만든다. 그러고는 다리미로 약간 열을 가해 모양을 잡아서 굳힌다. 이 온도는 독성 연기를 내는 녹는점보다 훨씬 낮다. 학생들은 단지 문제해결에만 성공한 게 아니다. 해결책이 있다는 걸 안다면 그걸 찾을 때까지 계속 찾아보게 될 가능성이 더 크다는 걸 배웠다.

헨리 포드의 유명한 말처럼, "당신이 할 수 있다고 생각하든 그렇지 않다고 생각하든 간에, 당신 생각이 옳다."

: 다이아맨디스의 법칙 :
불가능해 보이는 일을 가능케 하는 조련사

피터 H. 다이아맨디스(Peter H. Diamandis)는 엑스상재단(XPrize Foundation)의 창립자로 이런 마인드세트의 대가다. 그는 지구가 직면한 엄청난 도전에 접근할 때 이런 마인드세트를 사용한다. 그는 세상에서 가장 커다란 문제, 불가능해 보이는 문제를 파악하고 다른 이들을 한데 불러 문제를 푼다. 피터는 성공한 사람에게 엄청난 상을 제공함으로써 커다란 인센티브를 제공한다.

위대한 도전과 커다란 상은 많은 위대한 업적의 동기부여가 되었다. 1919년 오티그상(Orteig Prize)은 뉴욕에서 파리까지 최초로 논스톱 비행을 한 사람에게 2만 5,000달러를 걸었다. 이 경쟁은 수많은 실험을 자극해 결국 찰스 린드버그의 유명한 1927년 비행으로 이어졌다. 더욱 주목할 것은 존 F. 케네디 대통령이 1961년에 도전을 설정한 지 9년이 채 지나지 않아서 미국이 달에 사람을 착륙시킨 것이다. 이 경우에 상은 극심한 국제경쟁에 의해 동기가 유발된 국제적 인정이었다. 그런 대담한 목표를 이루기 위해 필요한 것들은 모두 발명되어야 했는데, 평균 나이 27세의 엔지니어 팀이 지금의 휴대전화보다 못한 컴퓨터를 사용해 이루어냈다. 게다가, 작가 캐서린 팀메시(Catherine Thimmesh)에 의하면, 대략 40만 명이 이런 놀라운 묘기를 달성하는 데 투입되었다. 케네디스페이스센터의 7만 명의 노동자들, 달착륙선을 만들었던 7,500명의 그루먼(Grumman)사의 직원들, 우주복을 만든 500명의 디자이너들과 재봉사들 등등이 바로 그들이다.[4]

피터는 엑스상재단에서 비슷한 접근법을 사용한다. 이 재단은 거대한 긍정적 파급력을 지닌 급진적 대변혁을 고무시키는 것을 사명으로 삼은 비영리조직이다. 린드버그의 비행 이후 70년이 지나, 첫 번째 엑스상은 개인우주선을 개발한 공으로 버트 루탄(Burt Rutan)이 이끄는 팀에게 1,000만 달러를 지불했다. 그들의 도전은 우주여행을 경험할 기회를 원하는 사람들이 반복적으로 사용할 수 있는 우주선을 만드는 것이다. 고도 100킬로미터까지 파일럿과 두 명의 승객을 나르고 2주 후에 두 번째 비행을 반복해야 한다. 이 도전은 26개 팀을 참가를 이끌어냈으며 그들의 시간, 에너지, 창의성의 거대한 투자로 이어졌다.

214

이 거대한 성공에 뒤이어, 엑스상은 복잡한 문제들에 대한 더 나아간 혁신을 고무시키기 위해 새로운 도전과 상을 제안했다. 아르콘게노믹스(Archon Genomics) 엑스상은 열흘 동안에 100개의 인간 게놈을 배열하는 첫 팀에게 1,000만 달러를 준다. 또 다른 상인 구글루나(Google Lunar) 엑스상은 달에 로봇을 착륙시켜서 500미터를 돌아다니며 사진을 송신하게 하는 팀에게 3,000만 달러를 제공한다. 그리고 1,000만 달러의 프로그레시브 오토모티브 엑스상은 정상적인 운전 상태에서 100MPGe(갤런당 마일)을 넘는 자동차를 만든 팀에게 주어진다. 미래의 상들은 에너지, 환경, 교육, 글로벌 개발, 건강, 생명과학과 우주탐사에 관련된 문제해결을 머릿속에 그리고 있다.

피터는 세상은 기회로 가득하며 너무 커서 상대할 수 없는 문제는 없다고 본다. 그는 동료의 사무실에서 머피의 법칙이 적힌 간판을 본 적이 있었다. "일이 잘못될 것 같으면 그렇게 될 수밖에 없다." 피터는 이 흔한 경구를 패배의 시인으로 해석했다. 그는 걸어 들어가 '그렇게 될 수밖에 없다'를 지우고는 '바로잡아라'라고 크게 적었다. 새로운 간판은 이렇다.

"일이 잘못될 것 같으면 바로잡아라!"

우리는 이렇게 개정된 법칙을 다이아맨디스의 법칙이라고 불러야 할 것이다.

피터 다이아맨디스는 남들이 그런 철학과 스킬을 채택하도록 가르치기 위해 싱귤래러티대학교(Singularity University)를 설립했다. 참여자들은 커다란 문제를 어떻게 해결하는지 배우기 위해 전 세계에서 몰려온다. 그들은 혁신적인 아이디어를 창출하는 법을 배우고, 몇 달의 과정 동안 이 스킬들을 사용해 10년 내에 10억 명에게 긍정적으로 영향을 주는 서비스와 상품을 생각해내라는 도전을 받는다. 가령 한 팀은 전 세계에서 자동차의 수효를 줄이라는 도전에 매달렸다. 그들은 모든 개인 차량을 공유 차량으로 전환하는 모습을 그렸다. 하루 종일 차를 세워두지 말고, 남들에게 자기 차를 운전할 수 있게 해준 뒤 그 대가로 돈을 받는다. 각 차량의 이용도를 최대화해서 만들어져야 할 차량의 수를 줄이는 것이다.

또 다른 팀은 독성 폐기물을 만들어내는 중고 전기자재로부터 소중한 금속을 뽑아내는 데 착수했다. 그들은 폐기물질에서 금속을 추출해 재사용할 수 있는 단세포 유기체를 개발하고 있다. 또 다른 팀은 무중력에서 3D 프린팅을 사용해 우주에서 거대한 구조물을 짓는 대담한 아이디어에 매달리고 있다. 이런 프로젝트는 우주정거장이나 우주선을 짓는 과정을 훨씬 더 싸게 만듦으로써 우주탐사를 대폭 바꿀 것이다. 모든 필요한 부품은 말 그대로 공중에서 지어져야 한다. 각 프로젝트는 벅찬 임무지만, 불굴의 의지와 할 수 있다는 자세로 팀들은 눈에 띄게 전진하고 있다.

미래에 대해 더 나아가 생각하며, 미우주항공국(NASA)과 미국방고등기술연구원(DARPA)은 우리 은하의 또 다른 별로 여행하는 과정을 연구하고 있다. 100년 우주선(100 year starship) 계획에 매달리는 사람들을 한자리에 모은 컨퍼런스를 연 것도 이 같은 노력의 일환이다. 이 컨퍼런스에는 물리학, 수학, 엔지니어링, 생물학, 경제학, 심리학, 사회학, 정치학, 문화학의 전문가들이 참여했다. 목표는 성간 여행을 가능하게 할 대변혁 혁신을 고무시키는 한편 그 과정에서 인류를 이롭게 할 혁신을 창출하는 것이다. 그들은 이 도전이 우리의 상상력의 경계를 밀어붙이기 위해 설계되었다고 인정한다.

: 창의적 아이디어의 또 다른 연료 :
마음이 이끄는 길을 따라가라

감정의 문을 두드리는 것은 추진력을 강화하고 동기를 부여하는 또 다른 방식이다. 많은 예술가와 기업가들은 지적 호기심에 의해서가 아니라 화, 슬픔, 기쁨을 포함한 강력한 느낌에 의해 자신이 추구하는 바에서 앞으로 나아간다고 말한다. 일부 최고의 시들은 극도로 우울한 시기에 쓰였다. 가장 매력적인 산문의 일부는 가슴 저린 메시지를 전달하기 위해 만들어졌다. 일부 가장 성공한 회사들은 잘못된 것을 바로잡기 위해 세워졌다. 창의성이 완전히 뇌의 활동만인 건 아니다. 참신한 아이디어의 연료가 되는 강한 감정에 의해 증가될 수 있다.

멋진 사례는 시카고에서 찾을 수 있다. 바로 브렌다 팜스 바버(Breanda Palms Barber)가 전과자들을 고용하기 위한 사업을 시작한 곳이다. 그녀는 전과자들의 구직 활동을 도와주는 비영리 회사를 운영했다. 이것은 도전적인 사업 제안이었다. 전과자를 고용하려 드는 고용주가 별로 없기 때문이다. 그녀의 혁신적인 해결책은 전과자들을 고용하는 회사를 직접 차리는 것이었다. 이렇게 탄생한 새로운 회사 스위트비기닝스(Sweet Beginnings)는 양봉과 꿀에 기반한 화장품을 만든다. 직원들은 양봉으로 꿀을 따고 회사웹사이트를 관리하고 영업과 고객 서비스 분야에서 일한다. 이력서에 쓸 경력을 갖게 되면서, 85퍼센트는 여기서 일을 하고 난 뒤 다른 일자리를 찾을 수 있었다. 새 출발하는 사람들을 돕겠다는 열정으로 타오른 이 사업은 미국 내 다른 도시들에도 확장을 타진하고 있다.[5]

이 이야기는 커다란 도전에 대한 창조적 해결책을 찾기 위해서는 우선 그것을 찾을 수 있다고 믿어야 한다는 걸 달콤하게 상기시킨다. 이런 태도를 지니면, 남들은 걸림돌을 보는 곳에서 당신은 기회를 보게 된다. 그리고 당신의 목표에 도달하기 위해 당신이 지닌 자원을 투입할 수 있다. 당신의 믿음은 당신이 사용하는 언어에 의해 형성되고, 당신이 사용하는 언어는 당신의 믿음에 의해 형성된다. 당신의 혁신 엔진은 당신의 추진력과 꿈에 의해서만 제한받는다. 그 둘은 가능성의 세상을 열어줄 것이다.

혁신 엔진

혁신을 위해서는
무엇이 필요할까?

성공한 기업가들은 종종 새로운 벤처 영역의 외부 출신들이다. 따라서 그들의 관념에 얽매이지 않은 아이디어들은 업계 독트린에 의해 억제되지 않는다. 그들은 불가능한 게 뭔지 모르기 때문에 업계를 장악한다. 이에 대한 마크 트웨인의 유명한 말이 있다.

"세상에서 가장 뛰어난 검사는 두 번째로 뛰어난 검사를 두려워할 필요가 없다. 그가 두려워할 사람은 손에 검을 한 번도 잡아보지 못한 오만한 적이다. 그는 해야 할 것들을 하지 않는다. 그래서 전문가는 그에 대비하지 못한다. 그는 해서는 안 될 것들을 한다. 덕분에 종종 전문가를 따라잡는다."

렉(Lek)으로도 알려진 상둔 차일러(Sangduen Chailert)는 항상 코끼리를 사랑했다. 그녀는 태국 북부 외지의 작은 시골마을 바안라오(Baan Lao)에서 자랐다. 어린 시절 집에서 코끼리 한 마리를 키우면서 코끼리에 대한 열정을 갖게 되었다. 점차 나이가 들면서, 감금상태의 코끼리가 얼마나 형편없는 대우를 받는지를 본 그녀는 코끼리를 구하는 것을 인생의 목표로 삼게 되었다. 그녀의 열정은 이 멸종위기 동물에 대해 배울 수 있는 모든 걸 배우게 했다. 그녀는 태국에서 코끼리 서식지가 급격히 줄어들고 있으며 태국에 남은 야생 코끼리가 고작 500마리뿐이라는 것을 발견했다. 게다가, 관광객들에게 묘기를 부리는 길들여진 2,000마리의 코끼리들 대부분은 미래가 암울했다. 렉은 코끼리들을 보호하기 위해 의미 있는 무언가를 해야겠다고 결심했다.

1990년대 초반에 렉은 태국 치앙마이 근처에 코끼리 국립공원을 세웠다. 그녀는 코끼리들을 돌보는 데에 필요한 자금을 모금하기 위해 필사적으로 애를 썼다. 그리고 그녀가 하는 일을 막으려고 하는 지역의 거센 비난과 싸웠다. 이런 걸림돌에도 불구하고, 그녀는 지뢰에 다치고 벌목산업에서 혹사당하고 서커스단에서 형편없는 대접을 받는 코끼리들을 구출하고 보호할 혁신적 방법을 생각해냈다. 코끼리 국립공원은 이제 35마리 코끼리들의 집이 되었다. 그리고 방문객들과 자원봉사자들에게 열려 있는데 이 멋진 동물과의 경험으로 그들의 생각이 바뀌게 됐다.

본질적으로 렉의 코끼리에 대한 태도가 태국의 풍부한 자원인 이 웅장한 동물에 대한 지식을 획득하게 동기를 부여했다. 방문객들의 코끼리에 대한 새로운 지식과 이해는 그들의 태도를 바꿔놓았고 이 동물에 대한 문화적 반응도 서서히 바뀌고 있다.

이것은 혁신 엔진이 작동한 사례다.[1] 혁신 엔진은 당신 내면의 마음과 외부 세상에서 당신의 창의성에 영향을 주는 요인들 간의 관계를 보여준다.

내부에서 창의성은 지식, 상상력, 태도에 의해 영향을 받는다. 이 요인들은 벤저민 블룸(Benjamin Bloom, 미국의 저명한 교육심리학자-옮긴이)의 1950년 학습에 관한 연구에서 유래했다. 그는 당신이 아는 것, 당신이 하는 것, 당신이 느끼는 방식에 초점을 두었는데, 일반적으로 지식, 스킬, 태도로 알려져 있다. 특히 여기에선 창의성을 다루는 관계로 나는 스킬을 상상력으로 바꾸었다.

상상력이 혁신을 위한 특수한 스킬을 나타내기 때문이다. 혁신 엔진 내부의 세 가지 요인들을 좀 더 자세히 살펴보자.

: 지식 :

상상력의 연료

광물에서 음악과 버섯과 수학까지, 지식은 어느 영역에서든 가능하다. 당신의 지식은 본질적으로 당신의 상상력의 연료다. 즉 당신이 특정한 주제에 대해 더 많이 알수록 당신이 작업할 수 있는 원자재는 더 많아진다. 가령 당신이 독창적인 태양열 자동차를 설계하고 싶거나 암 치료법을 찾고 싶다면, 공학이나 생물학의 지식 기반에서 시작해야 한다.

어떤 사람들은 정반대로 주장한다. 즉 '초심자의 마음'을 갖는 게 더 낫다고 한다. 정립된 지식이나 뿌리박힌 믿음 없이 도전에 맞설 수 있다고 말이다. 이를 지지하는 사례들은 많다. 하지만 좀 더 면밀히 살핀다면, 이런 사례의 대다수 인물들이 의지할 수 있는 관련 영역이나 접점 영역의 전문가들이라는 걸 알게 될 것이다. 성공한 기업가들은 종종 새로운 벤처 영역의 외부 출신들이다. 따라서 그들의 비전통적 아이디어들은 업계 독트린에 의해 억제되지 않는다. 그들은 불가능한 게 뭔지 모르기 때문에 업계를 장악한다. 이에 대한 마크 트웨인의 유명한 말이 있다. 세상에서 가장 뛰어난 검사는 두 번째로 뛰어난 검사를 두려워할 필요가 없다. 전혀 아니다. 그가 두려워할 사람은 손에 검을 한 번도 잡아보지 못한 오만한 적이다. 그는 해야 하는 것들을 하지 않는다. 그래서 전문가는 그에 대비하지 못한다. 그는 해서는 안 될 것들을 한다. 덕분에 종종 전문가를 따라잡고 그 자리에서 해치운다.[2]

여러 회사를 창립해본 경험이 있는 기업가들은 다양한 영역에서 회사를 시작한 사람이다. 한 시도에서 다른 시도로 부드럽게 움직일 때 과거 벤처에서 축적한 지식들 위에 새로운 것을 짓는 데 능숙하다. 그들은 처음엔 새로운 영역에 전문지식이 없지만 앞으로 나아가기 위해 과거 지식을 사용해 즉각 속도를 낸다.

칭찬해 마지않는 사례는 클라이밋코퍼레이션(Climate Corporation)이라는 신생 회사다. 앞서 언급한 회사로, 농부들에게 날씨 보험을 제공할 수 있는 정교한 소프트웨어를 만든다. 이 급성장하는 회사에서, 창립자 데이비드 프리드버그를 비롯해 단 한 사람도 기상학이나 농업에 대해 정식교육을 받지 않았다. 데이비드는 천체 물리학을 공부했고 투자은행에 있었으며 구글의 전략부서에서 일했다.

다른 멤버들도 다양한 영역에서 상당한 지식을 갖고 있는데, 문제를 해결할 때 참신한 관점을 제공했다. 팀원 가운데는 수학자와 엔지니어 심지어 신경과학자도 있다. 신경과학자는 급변하는 복잡한 데이터를 분석하는 훈련을 받았으며, 날씨 패턴을 분석하는 데 그 지식을 사용한다. 시간이 지나면서 점차 그들은 농업과 기상학에 전문지식을 구축하고 있다. 이후 다른 창업 시도에서 써먹을 소중한 지식이 될 것이다.

: 상상력 :
지식을 아이디어로 변형시키는 촉매

당신의 상상력, 무언가 새로운 걸 창조하는 능력은 강력한 힘이다. 창의성에 불을 지필 촉매제다. 그게 없다면 새로운 아이디어를 창출할 수 없다. 상상력을 발산하기 위해 연마할 수 있는 스킬들과 접근법들이 있는데, 아이디어들을 연결하고 조합하고, 문제를 리프레이밍하고, 가정에 도전하는 것들이 포함된다. 앞선 장들에서 자세히 다룬 이 도구들은 당신이 알고 있는 바를 이용해 참신한 아이디어를 창출하게 해준다.

칼 스즈푸나르(Karl Szpunar)와 캐슬린 맥더모트(Kathleen McDermott)는 우리의 상상력이 어떻게 기억과 깊이 연결돼 있는지에 대한 저술들을 검토했다.[3] 그들은 광범위한 심리학과 신경학 리서치를 인용했는데, 우리가 기억하고 상상할 때 같은 뇌 영역이 활동한다는 가설을 보강한다. 기억할 능력이 없는 사람들은 미래의 비전을 구상해낼 수 없다는 증거도 포함해서 말이다. 즉, 우리가 기억할 때와 상상할 때 뇌의 같은 영역, 특히 정서, 사고, 기억을 담당하는 신피질과 시상하부가 활동을 한다. 우리의 상상력은 본질적으로 우리가 알고 있는 것(우리의 기억)을 새로운 아이디어로 변형시킨다. 가령 우리는 차를 본 것과 새를 본 것을 기억한다. 우리의 상상력은 이 개념들을 연결해, 날아다니는 차나 기계 새 같은 새로운 아이디어를 만들어낸다.

세상에 대한 당신의 지식을 연료로 사용하면 당신의 상상력은 끝없는 재생자원이 된다. 이 점을 증명하기 위해, 나는 학생들에게 패트리샤 리안 메디슨(Patricia Rian Madison)의 《즉흥적 지혜(Improv Wisdom)》에서 영감을 받은 준비운동을 시켰다.[4] 책상 위에 상상의 선물상자가 놓여 있다고 말한다. 나는 그걸 들어 올렸을 때 얼마나 무겁고 큰지, 얼마나 아름답게 포장되었는지 상상해보라고 한다. 이제 학생들은 상자 안에 무엇이 있는지 상상해야 한다. 그 다음 상자를 천천히 열어보는 모습을 머릿속에 그려보게 한다. 나는 예기치 못한 선물에 깜짝 놀랄 거라고 말한다.

그러고는 교실을 돌아다니며 각자에게 안에 무엇이 있다고 생각했는지, 열어보니 무엇이 있었는지 말해달라고 한다. 책과 초콜릿부터 세계 일주 항공티켓까지 각양각색이다. 나는 또 다른 선물이 있는지 상자 안을 들여다보라고 말한다. 그리고 또 다른, 역시 또 다른 선물이 있는지 상자 안을 들여다보라고 말한다. 매번 그들은 새롭고 놀라운 것을 꺼낸다. 열쇠는

'상자', 즉 당신의 상상력은 끝이 없다는 것이다. 파면 팔수록, 당신은 항상 새로운 무언가를 발견할 것이다.

: 태도 :

창의성에 시동을 거는 불꽃

당신의 태도는 당신의 창의성에 시동을 거는 불꽃이다. 혁신적인 아이디어를 내놓을 수 있다는 마인드세트가 없다면 당신의 혁신 엔진은 정지하게 될 것이다. 당신의 마인드세트 또는 태도가 어떻게 상황을 해석하고 반응할지 결정한다. 그리고 그것은 깊은 신경학적 토대를 갖고 있다.

〈심리학〉에 실린 새로운 논문에 따르면 자신들의 실수에서 배울 수 있다고 믿는 사람들은 자신의 지능이 고정되었다고 생각하는 사람들에 비해 실수에 대해 다른 뇌 반응을 보인다. 미시건주립대의 제이슨 모서(Jason Moser)와 동료들에 따르면, 지능이 유연하다고 믿는 사람들은 이렇게 말한다. "일이 힘들어지면 나는 더 노력할 거야", "실수를 한다면 나는 배우고 해결책을 알아내려고 해야지." 하지만 지능이 고정되었다고 생각하는 사람들은 실수에서 배울 기회를 얻지 못한다.[5]

피험자들의 뇌활동(EGG)을 측정하는 동안, 모서와 그의 동료들은 그들에게 실수하기 쉬운 간단한 임무를 주었다. 가령 'MMMMM'이나 'NNMNN' 같은 5개 철자에서 중간에 있는 철자를 파악하는 것이다. 때때로 가운데 철자는 다른 4개의 철자와 같지만 때로는 그렇지 않았다. 모서는 이렇게 말한다.

"이건 아주 간단하다. 같은 걸 계속 하는 거니까. 하지만 마음은 어쩔 수가 없다. 이따금 정신이 멍해질 것이다."

이 순간이 바로 사람들이 실수를 할 때다.

피험자가 착오를 저지를 때, 연구원들은 EEG에서 두 개의 빠른 신호를 봤다. 즉 무언가가 빗나갔다는 걸 암시하는 첫 반응이다. 모서는 그걸 '오, 젠장!' 반응이라고 부른다. 그 뒤 의식적으로 오류를 인식하고 무엇이 잘못되었는지 알아내려고 한다는 걸 암시하는 두 번째 신호가 있다. 두 신호는 모두 실수를 하고 난 뒤 0.25초 사이에 일어난다. 실험 후 연구원들은 각 피험자에게 실수로부터 배움을 얻을 수 있다고 믿는지 물었다. 그렇다고 대답한 사람들은 두 번째 신호가 더 컸다. 마치 이렇게 말하는 것 같다.

"난 내가 실수한 걸 봤어. 그리고 그 오류로부터 배움을 얻어내야지."

우리의 마인드세트가 적응적이라는 걸 짚고 넘어가는 게 중요하다. 스탠퍼드 교육대의 캐롤 드웩(Carol Dweck)은 이런 논의에 대해 상당한 연구를 했다. 그녀의 연구에 따르면, 남이 우리에게 말하고 우리가 자신에게 말하는 메시지가 세상에서 우리의 위치를 바라보는 방식에 크게 영향을 준다. 학업 성취도가 낮은 중학교 1학년생들에 대한 드웩과 리사 소리치 블랙웰(Lisa Sorich Blackwell)의 연구에서 압도적인 증거를 찾을 수 있다. 학생들 모두 공부 스킬에 관한 워크숍을 들었다. 뇌가 근육과 같다는 말을 들은 집단은 훨씬 더 많은 동기부여를 보이며 수학에서 성적이 크게

올랐다. 반면에 통제군은 전혀 향상되지 않았다.[6] 이 연구는 심층 리서치에 의해 뒷받침되며, 당신의 마인드세트와 태도가 자신의 통제 아래에 있다는 걸 증명한다.

지식, 상상력, 태도를 아무리 향상시켜도, 우리는 우리에게 커다란 영향을 주는 세상에 깊이 박혀 있다. 내 아들 조시는 네 살 때 민방 TV를 전혀 보지 않았다. 결코 광고를 본 적이 없다는 의미다. 어느 날 나는 샤워하는 동안 아들이 아무 탈 없이 시간을 보내게끔 TV를 틀어주었다. 그리고 문제가 생기면 오라고 말했다. 2분쯤 지나 조시는 소리를 지르기 시작했다. "엄마, 엄마, 엄마!" 얼굴에 거품이 흘러내리는 채로 나는 재빨리 수건을 집어 들고 무슨 일이 났나 싶어 달려갔다. 조시는 소리쳤다. "엄마, 우리 팝 타르트 사야 돼요!" 이 이야기는 우리가 우리의 태도와 행동에 근원적 영향을 주는 문화의 수프에서 헤엄치고 있다는 걸 상기시킨다.

우리가 아무리 우리의 환경을 통제하려고 해도, 외부 세상은 항상 스며들어 와 우리가 생각하고, 느끼고, 행동하는 방식에 영향을 준다. 당신의

229

혁신 엔진에 공헌하는 중요한 세 가지 요소가 외부 세상에 있다. 즉 당신의 자원, 당신의 환경, 당신을 둘러싼 문화다. 이런 환경적 요인들은 당신의 창의성을 자극하거나 억제한다. 각각을 좀 더 면밀히 살펴보자.

∶자원∶
지식과 상상력으로 확보되는 것

자원은 당신 주변에서 소중한 것들 모두다. 그것은 새로운 회사에 투자될 수 있는 자금, 물고기와 꽃과 구리와 다이아몬드와 해변과 폭포 같은 천연자원을 비롯해 다른 형태로 다가온다. 혁신을 부양하는 대학과 지역 회사들 같은 조직만이 아니라, 당신에게 가이드와 역할모델과 멘토가 되어줄 지식과 전문성을 가진 개인들도 포함된다.

더 많은 지식을 가질수록 동원할 자원이 더 많아진다. 가령 낚시에 대해 더 잘 알수록 당신은 더 많은 물고기를 잡을 수 있다. 구리에 대해 더 많이 알수록 당신은 더 많이 채광할 수 있다. 벤처자본에 대해 더 많이 알수록 당신은 더 많은 자금지원을 얻게 된다. 물론 당신이 물고기가 많은 곳에 산다면 당신은 낚시에 대해 배울 것이다. 구리가 풍부한 곳에 산다면 당신은 채광에 대해 배울 것이다. 벤처자본가들이 넘치는 곳에 산다면 벤처자본에 대해 배울 것이다. 당신 주변의 자원 자체가 당신의 지식에 영향을 주고, 당신의 지식은 자원에 접근하게 해준다. 혁신 엔진에서 자원이

230

지식 바로 바깥에 있는 이유다.

　일부 자원은 우리 주변에서 찾아내기 쉬운 반면에 다른 것들은 정신적·신체적 추출 및 분석을 요구한다는 걸 짚고 넘어가는 게 중요하다. 당신 주변의 고유한 자원을 인식하고 이용하는 데 필요한 지식을 획득하는 것은 당신에게 달렸다. 불행히도, 세상의 일부 지역에서는 사람들이 자신의 자산을 알아차리지도 못한다.

　그들은 세상의 또 다른 지역의 자산을 복제하는 데만 너무 집중한 나머지, 자신의 주변에 있는 자원의 가치를 보지 못한다. 나는 최근 칠레 북부에 있었다. 그곳은 지구에서 가장 매력적인 장소들 가운데 하나다. 칠레라는 국가는 한편에는 3,000마일의 해변, 반대편에는 웅장한 안데스산맥이 있는 기다란 땅덩어리다. 나는 안토파가스토(Antofagasto)에서 지역민들과 얘기를 나누다가 경제번영의 걸림돌이 무엇인지 물었다.

　한 남자는 내게 몸을 돌려 말했다.

　"우리의 매력 없는 환경이죠."

나는 깜짝 놀라 그를 쳐다봤다. 창문 밖으로는 기가 막힌 바다 풍경이 보였다. 그는 눈앞의 아름다움과 잠재력을 보지 못했다.

<h1 style="text-align:center">: 환경 :</h1>
<h3 style="text-align:center">상상력의 외부적 구현</h3>

환경은 혁신 엔진에서 상상력의 바로 바깥에 있다. 우리가 창조하는 환경이 본질적으로 우리 상상력의 외부적 구현이기 때문이다. 우리는 우리의 사고방식을 반영하는 공간을 창조하고, 반대로 그러한 물리적 공간들은 우리의 상상력에 영향을 준다. 앞서 말한 것처럼, 우리가 디자인하는 공간, 우리가 갖추는 인센티브, 우리가 집행하는 규정, 우리가 부과하는 제약, 우리와 함께 일하는 사람들에 대해 신중하게 생각해야 한다. 이런 각 요소들이 새로운 아이디어의 창출 능력에 공헌하기 때문이다. 관리자, 교

육자, 부모, 지역사회 리더들은 직원, 학생, 자녀들의 상상력을 부양하는 환경을 창조하는 데서 큰 역할을 한다. 앞선 장들에서 논의했듯, 환경의 작은 변화가 창조적 산출에 큰 영향을 끼친다.

: 문화 :

지식·상상력·태도·자원·환경을 연결시키는 사슬

문화는 사람들의 집단이 주변 세상을 인지하고 해석하고 이해하는 방식들을 나타낸다. 우리는 지역 영웅에 대한 이야기들, 문화규범에 맞지 않는 행동을 하는 사람들에 대한 가십, 수용될 행위인지 판단하는 법들, 뭘 할지 직접 말해주는 광고들을 비롯해 극도로 우리의 문화에 민감하다. 일어나는 순간부터 잠드는 순간까지, 우리는 우리의 사고와 행동에 깊이 영향을 주는 문화의 스튜 속에 빠져 있다.

모두 알다시피, 샌프란시스코에서 자란 사람은 도심 뉴저지, 인도의 시골, 런던 중심부에서 자란 사람과는 완전히 다른 문화에 둘러싸여 있다. 이러한 문화는 우리가 생각하는 방식, 우리가 믿는 것, 우리가 행동하는 방식에 대해 근원적인 영향을 주는 지령을 전달한다.

각 개인, 가정, 학교와 조직은 문화에 기여한다. 따라서 본질적으로 어느 지역사회의 문화든 간에 거기에 사는 사람들의 총체적 태도라 하겠다. 혁신 엔진에서 문화가 태도 바로 바깥에 위치한 이유다. 심지어 몇몇의 태도가 바뀌어도 주위 문화가 자연스레 바뀐다. 바닥에 쓰레기를 버리는 것, 캔과 병을 재활용하는 것, 흡연, 에너지 절약에 대한 문화규범이 그동안 어떻게 바뀌었는지 생각해보자. 변화의 물결은 몇몇이 태도와 행동을 바꾸면서 시작되었다. 시간이 지나면서 이런 아이디어들은 널리 퍼지고 결국 총체적 태도를 강화하는 법에 의해 뒷받침된다. 따라서 우리 모두 지역사회 문화 육성에 중요한 역할을 한다.

: 긴밀하게 맞물린 혁신의 톱니바퀴 :
엔디버 기업가들의 사례

당신의 혁신 엔진의 모든 부분은 긴밀히 연결되어 있고 서로에게 깊은 영향을 준다.

234

- 당신의 태도는 관련된 지식을 획득하도록 당신의 호기심에 불을 지핀다.

- 당신의 지식은 당신의 상상력을 가열시켜 혁신적인 아이디어를 창출하게 한다.

- 당신의 상상력은 당신 주변의 자원을 투입해 자극을 주는 환경 창출을 촉진한다.

- 환경은, 당신의 태도와 마찬가지로, 당신의 지역사회에 영향을 끼친다.

다음의 그림은 모든 부분이 어떻게 한데 엮여 움직이는지 보여주는, 완전한 기능을 갖춘 혁신 엔진이다. 엔진의 내부는 외부와 맞물려 있다. 그리고 내부의 요인과 외부의 요인은 서로를 반영한다. 이 엔진의 모든 부분들을 사용함으로써, 창의성이 발산되어 개인, 팀, 조직에서 변혁으로 이어진다.

이런 유형의 변혁에 대한 좋은 사례는 전 세계에서 찾을 수 있다. 바로 개인 기업가들이 추진력과 상상력에 근거해 의외의 장소에서 혁신의 새로운 허브를 만들어내는 곳이다. 밥손대학교의 대니얼 아이젠버그(Daniel Isenberg)가 '기업가적 변혁을 시작하는 법'에서 멋지게 설명한다.

심지어 단 하나의 성공이 대중의 상상력에 불을 지피고 모방자들에게 영감을 줌으로써 기업가 생태계에 커다란 고무적인 효과를 준다는 게 최근 분명해졌다. 나는 이런 효과를 '작은 수의 법칙(The Law of small numbers)'이라고 부른다. 스카이프(Skype)가 수백만 명에게 사용되다가 결국 이베이에 26억 달러에 팔렸다는 소식은 작은 국가인 에스토니아 전역에 울려 퍼지며 고도로 숙련된 기술자들의 창업을 촉진했다. 중국에서 시장을 점유하고 전 세계적으로 인정받은 바이두(Baidu)는 새로운 기업가 세대를 창출했다.

아이젠버그는 사우디아라비아의 한 젊은이, 압둘라 알 무니프(Abdulla Al-Munif)의 멋진 이야기를 이어서 들려준다. 그는 전통적인 예상을 깨부수고 초콜릿으로 싼 대추야자를 만드는 사업을 시작했다. 그의 사업체 아노시(Anoosh)는 마침내 전국 체인점으로 성장했다. 그리고 압둘라 알 무니프는 그 지역의 영웅이 되어 숭배되고, 사우디아라비아의 다른 젊은이들은 그를 모방한다.

이런 철학은 엔디버(Endeavor)에 의해 받아들여졌다. 엔디버는 개발도상국에서 잠재력이 큰 기업가들을 찾아내 힘을 실어주려는 목표를 가진 조직이다. 남미, 중동, 아프리카 전역에 지점을 둔 엔디버는 각 지역에서 역할모델을 성공적으로 창조했다. 이 기업가들은 대담하고 창조적으로 지역사회에서 벤처를 시작했는데, 성공의 아이콘이 되고 각 지역에서 달성할 수 있는 것에 대한 범위를 바꿔놓았다. 그들은 지역사회의 문화 전체를 바꿔 미래 혁신자들을 더욱 개방적으로 받아들이고 지원하게 만들

236

었다. 열쇠는 아이젠버그가 말했듯 자연자원이든, 지리적 위치든, 문화든 간에 그들의 환경의 현실에 근거한 '토착 해결책을 촉진'하는 것이다.

주목할 만한 여러 사례를 엔디버 기업가들에게서 찾을 수 있다.[8] 가령 파타고니아 외지에서 태어난 웬세슬라오 케사레스(Wenceslao Caesares, 이하 웬세스)와 베네수엘라의 카라사스에서 온 메이어 말카(Mayer Malka, 이하 믹키)는 아르헨티나에서 온라인 중개 사이트를 최초로 시작하기로 결정했다. 파타곤(Patagon)이라는 이 회사는 남미 전역을 담당할 정도로 곧 확장되어 마침내 스페인의 방코산탄데르(Banco Santander)에게 매입되었다. 웬세스와 믹키는 남미 전역에서 멘토와 투자자뿐만 아니라 역할모델이 되었다. 그 결과, 수십여 회사들이 그들의 도움으로 시작되었고 수백 개가 그들의 성공에 고무되었다. 그들의 벤처는 지역에서 기업가적 변혁에 불을 지폈다. 그것은 수만 명의 삶의 질과 경제에까지 더욱 원대한 효과를 냈다.[9]

이 이야기는 세계의 다른 지역에서도 계속 재현된다. 엔디버의 데이비드 와첼(David Wachtel)은 요르단의 파디 칸두어(Fadi Ghandour)의 이야기를 공유했다. 그는 택배사업인 아라멕스(Aramex)라는 회사를 세웠다. 이 벤처는 규모가 커져서 중동 회사로는 처음으로 나스닥에서 거래된다. 파디는 지역에서 역할모델과 투자자가 되었고 엔디버의 요르단 이사로서 기업가정신 홍보에 적극 나서고 있다. 그는 많은 벤처들의 발전에 불을 지피는 데 도움을 주고 있는데, 그 가운데는 야후에 팔린 아랍어 인터넷 포털 마크톱(Maktoob)도 있다. 이 소식은 또 다른 커다란 투자자들과 멘

토들의 풀로 이어지고, 그것은 다시 또 다른 벤처들의 창립을 이끌었다.

엔디버의 많은 고무적인 성공담은 하이테크놀로지 사업이 아니어도 충분히 가능하다. 가령, 이집트의 와세프(Wassef) 자매는 카이로에서 서점 체인점을 시작했다. 사업이 번창했을 뿐만 아니라, 이 서점들은 지역사회 내에서 아이디어 공유의 생태계를 창출하며 문화 중심부가 되었다. 그리고 남아프리카의 신시아 므콤바(Cynthia Mkhomba)는 청소용역사업을 시작했다. 이제는 거의 1,000명에 가까운 사람들을 고용해 가난에서 벗어나게 돕는다.

염두에 두어야 할 중요한 것은, 이런 벤처들 하나하나가 아이디어 창출의 실질적인 엔진이며 다시 그것은 새로운 벤처를 양산한다는 점이다.

: STVP 글로벌 '5달러 프로젝트' :
당신은 이미 혁신의 열쇠를 쥐고 있다

남들이 기회를 보지 못하는 곳에서 기회를 볼 경험을 학생들에게 주기 위해, 5년 전에 우리는 STVP에서 글로벌 혁신 토너먼트를 개시했다. 학생들에게 5달러, 생수병, 고무밴드 같은 간단한 물건을 주고는 가능한 많은 가치를 만들어내라고 요구했다. 《스무살에 알았더라면 좋았을 것들》에서 자세히 설명했듯, 이 프로젝트의 결과는 한 줌의 고무밴드가 더 큰 가치를 지닌 무언가로 전환될 수 있다는 사실을 보여준다.[10]

238

나는 미국, 인도, 한국, 케냐, 태국, 캐나다와 일본을 비롯해 전 세계에서 5달러 프로젝트(통화는 달라도 콘셉트는 그대로다)를 운영한 사람들의 연락을 받았다. 가령, 케냐에서 마리아 스프링거(Maria Springer)가 세운 라이블리후즈(Livelyhoods)라는 조직은 길거리 생활을 청산하고 제대로 된 직업을 구하게 도와주는 새로운 프로그램에 참여할 홈리스 청소년을 선발할 때 이 프로젝트를 사용했다. 라이블리후즈는 폐품 수거나 세차로 근근이 생계를 유지하거나 심지어 매춘의 길로 빠지는 실직 상태의 빈민가 젊은이들을 돕기 위해 만들어졌다. 목표는 이 젊은이들이 적절한 생계비를 벌 수 있는 방법을 창조하는 것이다.[11]

후보자들이 라이블리후즈 사무실에 도착해 프로그램을 신청하면, 둘씩 짝을 지어준 뒤 몇 푼의 돈을 주고는 2시간 동안 가능한 한 많은 돈을 벌어오라고 한다. 한 사례에서, 프로젝트를 시작하자마자 비가 억수같이 쏟아지기 시작했다고 한다. 한 팀은 토마토를 사서 길모퉁이에서 다시 팔려고 애썼다. 다른 팀은 롤리팝을 사서 팔려고 했다. 하지만 세 번째 팀은 비를 유리하게 이용하기로 했다. 주어진 돈을 쓰지 않고 대신에 비를 이용하기로 한 것이다. 그들은 주로 여자들이 식구들을 위해 물을 길러 오는 마을 외곽의 우물가로 달려가서 무거운 10리터들이 주전자를 들어주겠다고 했다. 여자들은 쏟아지는 빗속에서 커다란 물주전자를 들고 집까지 걸어가지 않아도 된다는 데에 기뻐했다. 그리고 이 서비스에 20센트를 지불하는 데 기꺼이 동의했다. 그들은 우물가를 오가다가, 2시간이 다 될 무렵 라이블리후즈 사무실로 흠뻑 젖은 채로 돌아왔다. 그들은 그 순간에 가장 소중한 자산은 비와 자신들의 힘이라는 걸 깨닫고 둘 다 투입함으로써 토마토나 사탕을 팔았던 경쟁자들보다 더 큰 가치를 창출했다.

나는 일본에서 40명의 오사카 대학생들로 구성된 집단에게 더욱 도발적인 숙제를 냈다. 5달러나 한 줌의 고무밴드 같은 작은 가치의 무언가로 시작하는 대신에, 단 2시간 만에 단 하나의 쓰레기통의 내용물로부터 가능한 한 많은 가치를 창출하라는 도전을 주었다. 그리고 거기에 있는 동안 나는 전 세계의 동료들에게 연락을 취해 그들의 학생들도 참여시킬 것을 요청했다. 그 결과 태국, 한국, 아일랜드, 에콰도르, 대만의 팀들이 동시에 이 도전에 참여했다.

처음에 학생들은 이 숙제가 미친 거라고 생각했다. 어떻게 쓰레기에서 무언가를 창조할 수 있단 말인가? 하지만 이 도전은 그들에게 '가치'의 의미를 숙고하도록 만들었다. 그들은 각자에게 가치 있는 게 뭔지 한참 동안 토론했다. 그러고는 건강, 행복, 지역사회, 지식, 재정적 안정 같은 것들을 떠올렸다. 이런 통찰력은 쓰레기통의 내용물을 새로운 시각에서 바라보게 했다.

이 숙제의 결과는 상당히 흥미롭고 다양하다. 일본의 한 팀은 세탁소의 낡은 옷걸이와 플라스틱 의류커버를 가져와 캠퍼스의 축축한 풀밭에 앉을 때 사용할 수 있는 매트를 만들었다. 그리고 매트에 게임보드를 그려 함께 시간을 보내며 게임을 할 수 있게 했다. 에콰도르의 한 팀은 정원의 유기농 폐기물을 사용해 아름다운 새(鳥) 조각상을 만들었다. 태국의 팀은 사용한 코코넛 껍질로 웅장한 코끼리 조각상을 만들었다. 아일랜드의 한 팀은 낡은 양말꾸러미로 멋진 스웨터를 만들었다. 대만의 한 팀은 쓰레기통의 내용물을 사용해 아이들을 위한 장난감들을 만들었다. 참여한 학생들 가운데 한 명은 나중에 이렇게 말했다.

"우리가 이렇게 창의적인지 미처 몰랐어요!"

이런 쌍방향 프로젝트는 본질적으로 무에서 시작해 주목할 만한 혁신을 창출할 수 있다는 걸 증명하기 위해 설계되었다. 쓰레기통 도전에서, 학생들은 자신의 지식과 상상력과 태도를 사용해 무에서 유를 창조했다. 그리고 나는 그 과정을 자극할 환경, 문화, 자원을 제공했다. 이것은 중요하다. 학생들은 필요한 내재적 스킬을 이미 갖고 있었지만, 새로운 환경과 과제의 규칙이 그들의 동기부여를 유발하고 상상력을 풀어낸 것이다. 혁신 엔진은 이 모든 요인들 간의 관계를 잘 드러낸다.

- 당신의 지식은 상상력에 대한 연료를 제공한다.
- 당신의 상상력은 지식을 아이디어로 변형시키는 촉매제다.
- 이 과정은 당신의 자원과 환경과 문화를 비롯해 당신 주변의 수많은 요인들에 의해 영향을 받는다.
- 당신의 태도는 혁신 엔진을 움직이는 강력한 불꽃이다.

본질적으로, 창의성은 기회를 잡고 도전과 씨름하려는 당신의 추진력에 의해 유발되는 끝없는 자원이다. 그 어떤 것, 그리고 모든 것이 당신의 혁신 엔진에 시동을 건다. 모든 단어, 모든 물건, 모든 결정, 모든 행동 등등. 창의성은 관찰하고 배우는 능력을 연마함으로써, 아이디어들을 연결하고 조합함으로써, 문제들을 다시 프레이밍함으로써, 맨 처음 나온 올바른 대답들을 넘어섬으로써 강화된다. 당신은 새로운 아이디어 창출을 지원하는 환경을 만듦으로써, 혁신에 최적화된 팀을 조직함으로써, 실험을 격려하는 문화에 공헌함으로써, 창조적 산출을 더욱 높일 수 있다.

당신은 혁신 엔진의 열쇠와, 발산되길 기다리는 창조적 재능을 갖고 있다. 이 천연자원을 이용함으로써, 당신은 도전을 극복하고 각종 기회를 잡을 힘을 얻게 된다. 크든 작든 간에 당신의 아이디어는 진보로 이끄는 혁신의 중요한 출발점이다. 창의성이 없다면 당신은 정체할 뿐만 아니라 퇴보하는 세상에 갇히게 된다. 요컨대, 우리 각자가 미래의 발명을 책임지고 있다. 이제 자신의 혁신 엔진의 열쇠를 돌려보자.

242

이 책은 내 혁신 엔진의 산물로, 각 부품들이 없었다면 움직이지 못했을 것이다. 이 프로젝트는 스탠퍼드대학교의 내 창의성 수업 그리고 전 세계의 학생들, 교수진, 기업들과의 작업에서 일어난 일을 연구하고 관찰하는 가운데 시작되었다. 나는 또한 50명 이상의 사람들과 심층 인터뷰를 함으로써 창의성에 대한 지식과 이해를 늘릴 수 있었다.

시간을 내서 나와 대화를 나누고 성공담과 통찰력을 공유해준 이들에게 감사드린다. 특히 앨런 뮤레이, 앨리스테어 피, 앤 미우라 고, 애너리 색서니언, 아서 벤저민(Arthur Benjamin), 브렌든 보일(Brendan Boyle), 데이비드 프리드버그(David Friedberg), 데이비드 와첼(David Wachtel), 데니스 보일(Dennis Boyle), 디에고 피아첸티니(Diego Piacentini), 엘리제 바우어(Elise Bauer), 엘리자베스 웨일, 에릭 리스, 이완 매킨토시, 포레스트 글릭(Forrest Glick), 프리다 카포 클라인(Freada Kapor Klein), 하이디 넥(Heidi Neck), 제임스 플루머(James Plummer), 진(Jean Boudeguer), 잔느 강(Jeanne Gang), 제프 호킨스(Jeff Hawkins), 제시 쿨(Jesse Cool), 존 애들러(John Adler), 조시 마코워(Josh Makower), 줄리앤 고로드스키(Julian Gorodsky), 케빈 시스트롬

(Kevin Systrom), 레티시아 브리토스(Leticia Britos), 리즈 거버, 로니 그래프 먼(Lonny Grafman), 린 테네포스(Lynn Tennefoss), 마리아 스프링거(Maria Springer), 마크 즈데블릭, 매튜 메이(Matthew May), 메이어 말카(Meyer Malka), 마이클 배리(Michael Barry), 마이클 크리거(Michael Krieger), 마이클 화이트(Michael White), 미쉘 배리(Michele Barry), 미르 임란(Mir Imran), 미치 카포(Mitch Kapor), 낸시 아이작(Nancy Isaac), 니콜라스 시어(Nicolas Shea), 패트리샤 리안 매드슨(Patricia Ryan Madson), 폴 휴드넛(Paul Hudnut), 페기 버크(Peggy Burke), 피터 다이아맨디스(Peter Diamandis), 랜디 주커버그(Randi Zuckerberg), 로버트 시겔(Robert Siegel), 로드리고 호르단(Rodrigo Jordan), 로리 맥도널드(Rory McDonald), 샘 와인버그(Sam Wineburg), 스콧 두얼리(Scott Doorley), 스콧 슈미트(Scott Summit), 숀 영(Shaun Young), 스티브 블랭크(Steve Blank)와 트립 애들러(Trip Adler)가 그렇다.

이 책을 쓰기 위해서는 지원적인 환경이 필요했는데, 운 좋게도 스탠퍼드대학교에서 누릴 수 있었다. 특히 경영학부와 공학학부와 하소플래트너디자인연구소가 그렇다. 그리고 나의 창조적 노력에 격려를 아끼지 않았던 멋진 동료들에게 감사한다. 특히 앤젤라 헤이워드(Angela Hayward), 버니 로스(Bernie Roth), 밥 슈튼(Bob Sutton), 샬롯 버지스 오번(Charlotte Burgess Auburn), 데이비드 켈리(David Kelley), 포레스트 글릭(Forrest Glick), 조지 켐벨(George Kembel), 짐 플루머(Jim Plummer), 존 헤네시(John Hennessy), 줄리앤 고로드스키(Julian Gorodsky), 캐시 아이젠하트(Kathy Eisenhardt), 레티시아 브리토스(Leticia Britos), 매트 하비(Matt

Harvey), 모린 캐롤(Maureen Carroll), 마이클 배리(Michael Barry), 니콜 칸 (Nicole Kahn), 니키 살가도(Nikkie Salgado), 피터 글린(Peter Glynn), 레베카 에드워즈(Rebecca Edwards), 사라 스타인 그린버그(Sarah Stein Greenberg), 실파 타나왈라(Shilpa Thanawala), 스티브 발리(Steve Barley), 스티브 블랭크 (Steve Blank), 수지 와이즈(Susie Wise), 테리 위노그래드(Terry Winograd), 톰 바이어스(Tom Byers)에게 고마움을 표하고 싶다.

나는 훌륭한 출판인 마크 토버(Mark Tauber)와 재능 있는 편집자 기드온 웨일(Gideon Weil)을 비롯해 내 주변의 소중한 자원에 의지할 수 있었다. 시간을 들여 초고를 읽어준 리뷰어들의 조언과 소중한 피드백도 있었다.

나는 또한 실리콘밸리 문화를 오롯이 이용했다. 덕분에 이 책을 완성하는 과정에서 끝없는 실험 의지가 강화되었다. 그리고 훨씬 더 도전적인 프로젝트를 맡고 있으며 목표를 달성하는 법을 터득한 지인들에게서 커다란 영감을 받았는데, 그들은 나에게 좋은 역할모델이 돼주었다.

내가 획득한 창의성에 대한 통찰력을 정리할 방법을 찾고 있을 때, 이런 모든 요인들이 나의 상상력에 불을 지폈다. 사실, 이 책의 초고를 마치고 나서야 모든 조각들이 맞춰지고 혁신 엔진이 모습을 갖추었다. 나는 책 전체를 리프레이밍하고, 장들을 연결하고 통합하고, 창의성과 혁신에 대한 초반의 상당수 가정들에 도전장을 냈다.

이 프로젝트 전체는 창조적 과정을 이해하고 거기서 얻은 나의 통찰력을 다른 사람들과 공유하려는 갈망에 의해 움직였다. 수년간의 교실 경험에 근거해, 나는 혁신에 대한 글로벌 논의에 의미 있는 공헌을 하고자 했다.

그리고 이 모든 건 멋진 남편 마이클과 아들 조시의 커다란 지원이 없었다면 불가능했을 것이다. 나의 창의성 아이디어를 수년간 들어주고 항상 열정적으로 논의에 임해주었다. 그들의 영감과 통찰력은 이 책 곳곳에 배어 있다.

마지막으로, 이 책을 쓰는 동안 세상을 떠난 나의 가장 친한 친구 실바인에게 이 책을 바친다. 그녀의 한평생은 자신과 남들에게 의미를 창출하는 끝없는 기회들이었다. 30년 동안 나의 뮤즈이자 멘토였던 실바인. 정말 그립다.

주석

서문

1. Sarah Lyall, "Oxford Tradition Comes to This: 'Death' (expound)," New York Times, May 27, 2010.

2. Lyall, "Oxford Tradition Comes to This."

3. 디 스쿨(D.School)로도 불리는 스탠퍼드대학교의 하소플래트너디자인연구소는 학생들에게 디자인 사고를 주로 가르친다. www.dschool.stanford.edu에서 더 많은 정보를 찾을 수 있다.

4. STVR은 스탠퍼드 공대에서 운영하는 기업가 정신의 허브로, 경영학부와 공학부가 중심이다. 더 많은 정보는 www.stvp.stanford.edu에서 찾을 수 있다.

5. 찰리 로즈(Charlie Rose)는 자신의 텔레비전 프로그램에서 에릭 캔들(Eric Kandel)을 인터뷰하며 창의성과 뇌에 대해 논했다. 인터뷰는 www.charlierose.com/guest/view/210에서 볼 수 있다.

6. Charles Limb, "Inner Sparks," Scientific American, May 2011, pp.84–87.

7. 9명의 뮤즈가 있는데 이들 각각은 시, 춤, 음악, 역사, 희극, 비극, 천문학을 비롯해 다른 형태의 표현을 담당한다. 뮤지엄(museum, 박물관)이라는 단어는 뮤즈라는 단어에서 파생되었으며 뮤즈들이 숭배되는 곳이다.

8. 셰익스피어는 자신의 소네트들 가운데 하나에서 이렇게 한탄한다. "뮤즈 당신은 어디에 있나요? 어찌 그리 오랫동안 절 잊고 있나요?" 또 다른 소네트에서는 뮤즈에게 고마움을 표한다. "그렇게 자주 나는 뮤즈에게 간청을 하네. 내 시를 크게 도와준 영감을 얻었네."

247

주석

9. Allan Snyder, John Mitchell, Terry Bossomaier, and Gerry Pallier, "The Creativity Quotient: An Objective Scoring of Ideational Fluency," Creativity Research Journal 16, no. 4 (2004): 415 – 20.

CHAPTER **1 리프레이밍**

1. 영화는 www.powersof10.com/film에서 볼 수 있다.
2. 조슈아 벨의 비디오는 www.youtube.com/watch?v=hnoPu0_yWhw에서 볼 수 있다.
3. Derek sivers, "Weird, or Just Different?," ted.com/talks/lang/en/derek_sivers_ weird_or_just_different.html.
4. www.popuprestaurants.com에서 팝업 레스토랑에 대해 더 많이 배울 수 있다.
5. www.youtube.com/watch?v=nJvoysbym88에서 "Tesco: homeplus subway virtual store"을 참조할 것.
6. www.ecorner.stanford.edu에서 스콧 슈미트의 강의를 찾을 수 있다.
7. www.tube.com/watch?v=wWz08mvuit8에서 '역사가처럼 읽기' 프로젝트에 관한 비디오를 볼 수 있다.

CHAPTER **2 아이디어 자극**

1. John Cassidy and Brendan Boyle, The Klutz Book of Inventions (Palo Alto, CA: Klutz Press, 2010).
2. 디너 테이블의 괴물이 실린 〈뉴요커〉 카툰 캡션은 "케빈, 자네 여자 친구의 명절 전통은 어떤지 듣고 싶다고 말해주게." 비즈니스맨과 어린이용 목마가 실린 〈뉴요커〉 카툰 캡션은 "우선 여기서부터 일을 시작하게. 좀 더 경험을 쌓으면 더 큰 책무를 맡길 테니."
3. Matthew E. May, "What Winning the New Yorker Caption Contest Taught

Me About Creativity," June 24, 2011, matthewemay.com/2011/06/24/what-winning-the-new-yorker-captioncontest-taught-me-about- creativity.

4. Matt Ridley, "Humans: Why They Triumphed," Wall Street Journal, May 22, 2010.

5. Annalee Saxenian, Regional Advantage: Culture and Competition in Silicon Valley and Route 128 (Cambridge, MA: harvard university Press, 2006).

6. Steve Jobs, 1994, www.youtube.com/watch?v=CW0Dug63lqu.

7. "World's Coolest Office Competition," www.architizer.com/en_us/blog/dyn/31597/and-the-winners-are.

8. Sabin Russell, "Lizards Slow Lyme Disease in West," San Francisco Chronicle, April 17, 1998.

9. Adam Gorlick, "Is Crime a Virus or a Beast?" Stanford Report, February 23, 2011.

CHAPTER **3** 브레인스토밍

1. Tim Hurson, Think Better: An Innovator's Guide to Productive Thinking (New York: McGraw-hill, 2007).

2. Genrich Altshuller, Creativity as an Exact Science (New York: Gordon and Breach, 1984).

3. Kevin Roebuck, TRIZ: Theory of Inventive Problem Solving: High-Impact Strategies-What You Need to Know: Definitions, Adoptions, Impact, Benefits, Maturity, Vendors (Richmond, VA: Tebbo, 2011).

4. Reena Jana, "The World According to TRIZ," Bloomberg Businessweek, May 31, 2006.

5. Alex Faickney Osborn, Applied Imagination: Principles and Procedures of Creative Problem-Solving, 3rd rev. ed. (New York: Scribner, 1963).

6. Tom Kelley, The Art of Innovation: Lessons in Creativity from IDEO, America's

Leading Design Firm (New York: Currency, Doubleday, 2001).

7. 에피센터에 대한 보다 자세한 정보는 www.epicenter.stanford.edu에서 찾을 수 있다.

CHAPTER **4 관찰**

1. Richard Wiseman, "The Luck Factor," Skeptical Inquirer, May/June 2003.
2. David Foster Wallace, Commencement Address, Kenyon College, May 21, 2005.
3. www.ecorner.stanford.edu에서 스티브 블랭크의 강의를 들을 수 있다.
4. www.ecorner.stanford.edu에서 데이비드 프리드버그의 강의를 들을 수 있다.
5. Jeff Hawkins with Sandra Blakeslee, On Intelligence (New York: Times Books, 2004).
6. 제리 세인필드의 코미디는 www.seinology.com/scripts/script-14.shtml에서 찾을 수 있다.
7. 밥 시겔의 전 세계에서 찍은 방대한 사진 컬렉션은 www.stanford.edu/~siegelr/photo.html에서 볼 수 있다.
8. Twyla Tharp, The Creative Habit: Learn It and Use It for Life (New York: Simon & Schuster, 2005).
9. 미르 임란과의 인터뷰는 www.ecorner.stanford.edu에서 볼 수 있다.

CHAPTER **5 공간**

1. Scott Doorley and Scott Witthoft, Make Space: How to Set the Stage for Creative Collaboration (Hoboken, NJ: Wiley, 2012).
2. R. S. Ulrich, "View Through a Window May Influence Recovery from Surgery," Science 224, no. 4647 (1984): 420 – 21.

3. Ori Brafman and Rom Brafman, Click: The Forces Behind How We Fully Engage with People, Work, and Everything We Do (New York: Crown Business, 2010). www.ecorner.stanford.edu에서 스탠퍼드대학교에서 있었던 오리 브래프먼의 연설을 들을 수 있다.

4. Adrian North, "The Effect of Background Music on the Taste of Wine," British Journal of Psychology, September 7, 2011.

5. Ewan Mcintosh, "Clicks & Bricks: When Digital, Learning, and Physical space Meet," october 3, 2010, www.edu.blogs.com

CHAPTER 6 제약

1. www.ecorner.stanford.edu에서 마리사 메이어의 비디오 클립을 찾을 수 있다.

2. Teresa Amabile, Constance Hadley, and Steve Kramer, "Creativity under the Gun," Harvard Business Review, August 2002.

3. www.ecorner.stanford.edu에서 이베이의 스테파니 틸레니우스의 비디오 클립을 찾을 수 있다.

4. Eric Ries, The Lean Startup: How Today's Entrepreneurs Use Continuous Innovation to Create Radically Successful Businesses(New York: Crown Business, 2011). www.ecorner.stanford.edu에서 에릭 리스의 강연을 볼 수 있다.

5. Rachel Fershleiser and Larry Smith (eds.), Not Quite What I Was Planning: Six-Word Memoirs by Writers Famous and Obscure, from SMITH magazine (New York: HarperPerennial, 2008).

CHAPTER 7 보상

1. Tom Chatfield, "7 Ways Games Reward the Brain," TED Talk, July 2010, www.ted.com/talks/tom_chatfield_7_ways_games_reward_the_brain.html.

2. Joe Nocera, "Is This our Future?" New York Times Sunday Review, June 25, 2011.

3. Written? Kitten!, www.writtenkitten.net; Write or Die, www.writeordie.com.

4. Robert Sutton, Weird Ideas That Work: $11\frac{1}{2}$ Practices for Promoting, Managing, and Sustaining Innovation (new york: Free Press, 2002).

5. 재미 이론은 www.thefuntheory.com을 참조할 것.

6. Ira Glass, "Two Steps Back," This American Life, www.thisamericanlife .org/radio-archives/episode/275/two-stepsback.

CHAPTER 8 팀플레이

1. Edward de Bono, Six Thinking Hats (Boston: Little, Brown, 1985).

2. Malcolm Gladwell, "The Bakeoff," New Yorker, September 5, 2005.

3. Tom Wujec, "Build a Tower, Build a Team," TED Talk, February 2010, www.ted.com/talks/tom_wujec_build_a_tower.html.

4. Haygreeva Rao, Robert Sutton, and Allan P. Webb, "Innovation Lessons from Pixar: An Interview with Oscar-Winning Director Brad Bird," McKinsey Quarterly, April 2008.

5. Marcial Losada, "The Complex Dynamics of High-Performance Teams," Mathematical and Computer Modelling 30, no. 9-10 (1999): 179-92.

6. John Kounios and Mark Beeman, "The Aha! Moment: The Cognitive Neuroscience of Insight," Current Directions in Psychological Science 18, no. 4 (August 2009): 210-16.

CHAPTER 9 실험

1. Jonah Lehrer, "Every Child is a Scientist," Wired, September 28, 2011, www.

wired.com/wiredscience/2011/09/little-kids-arenatural-scientists.

2. Richard Maulsby, director of public affairs for the U.S. Patent & Trademark Office, quoted in Karen e. Klein, "Avoiding the Inventor's Lament," Business Week, November 10, 2005.

3. Paul Kedrosky, "Vinod Khosla on Failure: Take More Risk," Seeking Alpha, October 27, 2009, seekingalpha.com/article/169278-vinodkhosla-on-failure-take-more-risk.

4. 나는 2011년에 카르멜 저자 및 아이디어 페스티벌(Carmel Authors and ideas Festival)에서 이 이야기를 들었다. 즉, 데이브 베리와 리들리 피어슨은 그들의 저서 《피터와 별사냥꾼(Peter and the Starcatchers)》을 기반으로 연극을 만들려고 한다고 말했다.

5. "Gever Tully Teaches Life Lessons Through Tinkering," TED Talk, February 2009, www.ted.com/talks/gever_tulley_s_tinkering_school_in_action.html.

6. www.ecorner.stanford.edu에서 미르 임란의 비디오 클립을 볼 수 있다.

7. 수수께끼의 해답은 Heather Dickson, ed., Brain-Boosting Lateral Thinking Puzzles (Lagoon, 2000)에 나와 있다.

- March(3월)와 April(4월)의 가운데에서는 보이지만 초반이나 끝에서 볼 수 없는 것은? 철자 'r'.
- 숲에 길을 잃은 두 남자가 있다. 한 명은 북쪽으로 걷기 시작했고 다른 한 명은 남쪽으로 걷기 시작했다. 25분 후 두 남자는 서로 만나게 되었다. 어찌된 일일까? 두 남자는 함께 나간 게 아니다. 나중에 우연히 서로 만난 것이다.
- 자매가 신생아를 안고 있는데, 두 아기 모두 한 살이다. 한 명은 밤에 태어났고 한 명은 낮에 태어났다. 어떻게 이럴 수가 있을까? 한 아기는 싱가포르에서 저녁 8시에 태어났고 다른 한 명은 런던에서 정오에 태어났다. 두 도시는 시차가 8시간이다.
- 바구니에 6개의 달걀이 있다. 6명이 달걀을 하나씩 가져간다. 바구니에는 하나의 달걀이 그대로 있다. 어찌된 일일까? 그들 중 한 명이 마지막 달걀을 바구니째로 들고 갔다.

8. Postsecret, www.postsecret.com.

9.   Startup Weekend, www.startupweekend.org.

10.   Sebastian Thrun, "What We're Driving At," www.googleblog.blogspot. com/2010/10/what-were-driving-at.html.

CHAPTER **10 포지셔닝**

1.   Start-up Chile, www.startupchile.org.

2.   Baba Shiv, "Why Failure Drives innovation," Stanford Graduate School of Business News, March 2011, www.gsb.stanford.edu/news/research/ shivonFailureandinnovation.html.

3.   존 애들러 그리고 그의 아들 트립과의 인터뷰는 www.ecorner.stanford.edu에서 찾아볼 수 있다.

4.   Catherine Thimmesh, Team Moon: How 400,000 People Landed Apollo 11 on the Moon (New York: Houghton Mifflin, 2006).

5.   Leigh Buchanan, "Finding Jobs for ex-offenders," Inc., May 2011.

CHAPTER **11 혁신 엔진**

1.   코끼리 자연공원에 대한 보다 자세한 정보는 www.elephantnaturepark.org에서 찾을 수 있다.

2.   Mark Twain, A Connecticut Yankee in King Arthur's Court, 1889, chap. 34.

3.   Karl K. Szpunar and Kathleen B. McDermott, "Episodic Future Thought: Remembering the Past to Imagine the Future," in K. D. Markman, W. M. P. Klein, and J. A. Suhr, eds., Handbook of Imagination and Mental Stimulation (New York: Psychology Press, 2008), pp. 119–29.

4.   Patricia Ryan Madson, Improv Wisdom: Don't Prepare, Just Show Up (New York: Bell Tower, Crown, 2005).

254

5. Jason S. Moser, Hans S. Schroder, Carrie Heeter, Tim P. Moran, Yu-hao Lee, "Mind your Errors: Evidence for a Neural MechanismLinking Growth Mind-set to Adaptive Posterror Adjustments," Psychological Science (forthcoming).

6. Marina Krakovsky, "The Effort Effect," Stanford Magazine, March/ April 2007.

7. Daniel Isenberg, "How to Start an Entrepreneurial Revolution," Harvard Business Review, June 2010.

8. 엔디버에 대한 보다 자세한 정보는 www.endeavor.org에서 찾을 수 있다.

9. 웬세스 케사레스와 메이어 말카의 강의는 www.ecorner.stanford.edu에서 찾아 볼 수 있다.

10. Tina Seelig, What I Wish I Knew When I Was 20 (San Francisco: HarperOne, 2009).

11. 라이블리후즈에 대한 보다 자세한 정보는 www.livelyhoods.org에서 찾아볼 수 있다.

옮 긴 이
김 소 희

이화여자대학교 사회학과를 졸업한 후 출판기획 및 번역 활동을 하고 있다. 옮
긴 책으로는 옮긴 책으로는《위험한 생각 습관 20》《인코그니토》《2012 신들의
귀환》《심리학, 사랑을 말하다》《뇌, 1.4 킬로그램의 사용법》《양복을 입은 원시
인》《쇼크 독트린》《보보스는 파라다이스에 산다》《분석의 기술》《분석으로 경
쟁하라》 등이 있다

인지니어스

초판 1쇄 발행 2012년 6월 4일
개정판 1쇄 발행 2017년 1월 10일
개정판 12쇄 발행 2023년 4월 1일

지은이 티나 실리그 **옮긴이** 김소희
발행인 이재진 **단행본사업본부장** 신동해
편집장 김예원 **마케팅** 최혜진 이인국 **홍보** 반여진 허지호 정지연
국제업무 김은정 **제작** 정석훈

브랜드 리더스북 **주소** 경기도 파주시 회동길 20
문의전화 031-956-7421(편집) 031-956-7089 (마케팅)
홈페이지 www.wjbooks.co.kr
인스타그램 www.instagram.com/woongjin_readers
페이스북 https://www.facebook.com/woongjinreaders
블로그 blog.naver.com/wj_booking

발행처 (주)웅진씽크빅 **출판신고** 1980년 3월 29일 제406-2007-000046호

한국어판 출판권 ⓒ웅진씽크빅, 2017
ISBN 978-89-01-21449-8 03320

리더스북은 (주)웅진씽크빅 단행본사업본부의 브랜드입니다.
이 책의 한국어판 출판권은 EYA(Eric Yang Agency)를 통해
HaperCollins Publishers와 독점 계약한 (주)웅진씽크빅에 있습니다.
저작권법에 따라 국내에서 보호받는 저작물이므로 무단 전재와 복제를 금합니다.
이 책 내용의 전부 또는 일부를 이용하려면 반드시 저작권자와
(주)웅진씽크빅의 서면 동의를 받아야 합니다.

• 이 책은 2012년 출간된《스무살에 배웠더라면 변했을 것들》의 표지, 목차, 본문을 재편집한 개정판입니다.
• 책값은 뒤표지에 있습니다.
• 잘못된 책은 구입한 곳에서 바꿔드립니다.